JN408663

코로나
비상시대

문학공원 시선 188

코로나 비상시대

김제방 역사서사시집

대한민국 역사를 보여주는 詩

우리는 지금 마스크를 쓰고 산다
코로나19로 전 세계가 몸살을 앓는다
'집콕' '방콕' 생활이 길다
외출에 제한을 받고 세계질서가
바뀌고 있다
세계여행이 단절되었다
사회적 거리 두기가 너무나 길다

문학공원

서시

우리는 지금 마스크를 쓰고 산다
코로나19로 전 세계가 몸살을 앓는다
'집콕' '방콕' 생활이 길다
외출에 제한을 받고 세계질서가 바뀌고 있다
세계여행이 단절되었다
사회적 거리 두기가 너무나 길다
우리의 정치는 달라진 게 없다
세월호로 집권하고 위안부 소녀상과
코로나로 연명하는 좌파정권
자신들을 배불려준 보수정권을 독재
적폐세력으로 몰아붙이면서
국민을 굶주림에 빠뜨린 공산독재
후예에게 손을 내미는 우리 대통령
배때기 불러 밥투정하다가 회초리 맞고
아직 정신 못 차린 보수야당의 원조
'국민의힘'은 밑 빠진 독이라…

2021년 설날을 즈음하여

김 제 방

CONTENTS

1부 6·25전쟁 70주년

2부 민심은 천심이라

CONTENTS

3부 도덕적 파탄시대

4부 태조 이성계의 참회

CONTENTS

5부 세월은 흘러가는데

6부 새로운 세계질서

1부

6 · 25전쟁 70주년

돌아온 영웅들

2020년 6월 25일 밤
성남시에 있는 서울공항 격납고에서 진행된
6·25전쟁 제70주년 행사에 참석한 문재인 대통령은
70년 만에 고국의 품으로 귀환한
147구의 국군 전사자 유해에 참전기장을 수여했다
유해는 북한에서 발굴돼 미국 하와이로 옮겨 보관되다가
한미공동 감식작업으로 확인된 국군 전사자들이다
문 대통령은 기념사에서 북한을 향해
"세계사에서 가장 슬픈 전쟁을 끝내기 위한 노력에
북한도 담대하게 나서주길 바란다"고 밝혔다
김정은 북한 국무위원장의 대남 군사행동 계획 보류 조치로
남북 군사적 긴장이 숨고르기에 들어간 가운데
문 대통령이 한반도 평화를 위한
북한의 '담대한 노력'을 호소한 것이다
문 대통령은 "우리의 GDP는 북한의 50배가 넘고
무역액은 북한의 400배를 넘는다"며
"남북 간 체제경쟁은 이미 오래전에 끝났다
우리의 체제를 북한에 강요할 생각도 없다"고 선언하면서
'공존'을 한반도 평화의 바탕으로 제시했다
남측 내부의 '공존'도 역설했다

"우리는 모두 참전용사의 딸이고 피란민의 아들"이라고 했다

이어 "전쟁은 국토 곳곳에 상흔을 남기며

아직도 개인의 삶과 한 가족역사에 고스란히 살아있다"면서

"그것은 투철한 반공정신으로

우리도 잘살아보자는 근면함으로

국민주권과 민주주의 정신으로 다양하게 표출되었다"고 했다

그러면서 "자신이 살아가는 시대와 함께

자신의 모든 것을 헌신한 사람들은

서로를 존중하며 손잡을 수 있다"고 했다

참전 22개국 메시지

6·25전쟁 70주년을 맞아 6월 25일 경기
성남시 서울공항에서 열린 기념식에는
22개 참전국 정상의 영상 메시지가 울려 퍼졌다
도널드 트럼프 미 대통령은
"지금 바로 백악관 로즈가든에 있다
여러분 또한 특별한 시기를 맞고 있다
바로 6·25전쟁 70주년"이라고 말하면서
"공산주의를 막아내기 위해 용감하게 싸운
모든 분께 감사와 경의를 표한다"고 했고
보리스 존슨 영국 총리는
"수천 명의 영국 장병은 고국으로 돌아오지 못했다
그러나 저는 오늘날의 대한민국을 보며
그들의 희생이 결코 헛되지 않았음을 느낀다
70년 전에도 그러했듯
영국은 지금도 대한민국과 함께 한다"고 말했다
영상메시지와 별도로 이날 행사에는
참전했던 해리스 주한 미대사 등
22개국 주한 대사가 모두 참석했다

한국전 참전비 헌화

도널드 트럼프 미국 대통령이
6·25발발 70주년인 6월 25일 취임 이후 처음으로
한국전쟁 참전용사 기념공원을 찾아 헌화했다
북한이 개성 남북공동연락사무소를 폭파하는 등
한반도의 긴장 수위를 높인 상황에서
기념비 헌화는 한미동맹의 굳건함을 보여주는
상징적 의미가 있다는 해석이 나온다
존 볼턴 전 백악관 국가안보보좌관이 회고록에서
"트럼프 대통령은 수차례에 걸쳐
'우리가 왜 한국전쟁에 참전하고
왜 아직 거기에 있는지 이해할 수 없다'고 했다"고 비판한 뒤
전격적으로 일정을 잡았다고 한다
한국전쟁 3년간 미군은 연인원 150만 명이 참전해
33,686명이 희생됐다

황사영의 백서

1801년 시파를 제거하기 위한 명분으로
천주교의 부당성을 내세워 토벌했으니
이를 신유사옥이라 했다
무자비한 박해로 천주교 신앙의 선구자들이
혹형으로 옥사할 때
황사영은 피신해 다니면서
천주교에 대한 혹독한 박해와
그 대책을 기입한 밀서를 작성
북경의 주교에게 전달하려다가 체포되어 참형되었다
황사영과 황심은 열심히 백반을 풀고
황사영이 흰 명주에게다가 직접 밀서를 써내려갔다
"조선의 죄인 알렉사드로와 다묵 등은
남당에 계신 서양국 대주교께 올립니다
금년 조선정부에서는
청나라의 주문모 신부를 무참하게 죽이고
다시 죄 없는 사람들을 사교로 몰아
무참한 살육을 감행
우리들은 어린양 같이 산곡간으로 헤매며 방황하고 있습니다
이대로 가면 우리 동쪽 땅에는
주의 복음이 아주 끊어지겠습니다
대주교께서는 우리의 동토를 불쌍히 여기시어

청나라 황상의 뜻으로 조선을 교유케 하고
서양인을 들여 무안사를 안주에 두게 하고 청
나라의 친왕을 보내 조선을 감독케 하십시오
더불어 서양의 큰 배 수백 척에 정병 수만 명을 태
우고
대포 등 좋은 무기를 장비하고 들어와
조선을 놀라게 하면 넉넉히 천주교를 펼 수 있습니다
천주교는 이천 년래 만국에 전교하여
모두 그 교화를 입었습니다
유독 탄환만한 조선만이 순응치 않을뿐더러
교화하는 선교사를 죽이고
교도까지 잔인무도하게 죽였습니다
시급히 문죄사를 보내십시오
비록 이 나라를 없애도
선교를 전파하는 데는 아무런 해가 없을 것입니다
북경으로 자유롭게 통행케 하며
속히 우리 교인을 구해주십시오"
다 쓰고 나서 명주를 햇볕에 말리니
글씨는 없어지고 보통의 흰 명주로 되었다
다시 물에 담그니 글씨만 파랗게 비쳤다
그러나 제천 산속에서 7개월이나 고생해 만든
백서(帛書)는 북경에 가기도 전에 발각되었다
12세의 어린 순조임금은 친히 백서를 구경하였다
백서를 물에 넣자
하얀 비단에 파란글씨가 뚜렷하게 나타났다

요술 같은 느낌이 들었다
순조임금은 금시에 몸을 오슬오슬 떨다가 몸져눕고 말았다
순조의 병은 한 달이 지나도 낫지를 않았다
서울 장안의 사람들은 밤이 되면 무서워서
바깥출입을 하지 못하고 수군거렸다
"천주학쟁이의 귀신이 궁중에 들어가
임금이 병이 들었다지?"

평양 남매 정치

요란한 정상회담 이벤트가 잇따랐지만
결국 돌아온 것은 북한의
남북공동연락사무소 건물 폭파였다
비핵화라는 핵심 목표는 한 발짝도 나가지 못한 가운데
통일부장관이 사퇴하자
후임으로 거론되는 인사들은
1980년대 주사파계열의 운동권이
주도한 전대협 출신들이다
이인영·임종석 등 종북좌파의 신분노출
문재인 정부는 북한에 할 말을 못한다
연락사무소를 폭파한 평양 김정은·김여정
남매 정치가 이렇게 만들었다

시대를 역행한 사건

1987년 노태우 민정당 대선 후보의 6·29선언은
민주주의를 외치던 6·10항쟁에 대한 일종의 '항복 선언'이었다
전두환 대통령의 호헌(護憲)시도에 제동을 걸고
대통령 직선제를 쟁취했다
한국사회가 민주화로 이행하는 이정표 같은 사건이다
그 무렵 국제사회도 변화의 바람으로 요동치고 있었다
1989년부터 동유럽 사회주의 국가들이
하나둘씩 도미노 파산을 선언했다
이런 역사적 변화를 1년가량 앞서 포착한
노태우 정부가 내놓은 것이 1988년 7·7선언이었다

탈냉전시대 남북교류·대화모색뿐 아니라
소련·중국 등 사회주의 국가들과의 관계 개선을 담은
북방정책 추진의 시발점이 된 7·7선언
당시 정부는 1989년 7월에 열릴 예정이던
평양 세계청년학생축전에 남측 대표단의 참가를 허용하려다가
그해 터진 문익환 목사의 비밀 방북사건을 빌미로
갑자기 방북 불허 방침으로 돌아섰다
여대생 임수경의 평양 비밀 방문은
이런 어수선한 상황에서 이뤄졌고

국제사회 변화에 역행하는 사건을 주도한 주사파들이
지금 문재인 정부의 통일부장관 물망에 올라 있다

북한의 식량난

2019년 12월 31일 중국이 WHO에
신종 코로나바이러스 감염증(코로나19) 발병을 처음 보고한 뒤
불과 6개월 만에 전 세계에서 1천만 명이 넘는 사람이
코로나19에 감염됐고
사망자도 50만 명을 넘어섰다
특히 대북 제재와 코로나19 여파로 북한
경제난이 악화되고 있는 것으로 알려졌다
코로나 확산으로 북·중무역이 감소한 가운데
최근 북한의 식량난은 역대 최악이라는 평가다
최근 미국 농무부가 위성자료 등을 분석해 추정한
북한의 올해 쌀 수확량은 136만t으로
북한의 연간 쌀 수요량인 550만t에 비해
턱없이 부족한 상황이다
이는 1994년 '고난의 행군' 때에도 못 미친다는 것이다

문 대통령의 침묵

대한민국 자산인 개성의 남북한 공동연락사무소를 폭파하고
'남북 평화의 요정' 김여정이 맹수로 표변해 독설을 퍼부었다
"철면피한 궤변"
"비굴함과 굴종의 표출"이라고 비난하면서
군사행동을 예고했다
그러나 김정은이 이를 보류시켰다
남매의 역할 분담이라고들 한다
문 대통령은 국내외 보수의 저항과
조롱을 묵묵히 감내하고 있을 뿐이다

민주당 독식국회

21대 국회 전반기 원구성 협상이 최종 결렬돼
더불어민주당이 6월 29일 단독으로
국회 본회의를 열어 18개 국회 상임위원장 선출안을 처리하면서
현행 헌법 체제에서 처음으로
원내 1당이 상임위원장을 독식하게 됐다
미래통합당은 "1987년 체제가 이룬
의회 운영의 원칙을 깡그리 무시한
의회민주주의의 조종(弔鐘)이라며 격렬하게 반발하고 있어
21대국회 파행이 불가피해졌다
지금 우리는 전대미문의 위기를 맞고 있다
코로나19로 인한 마이너스 경제성장과
고용대란 비핵화 해법 없이 표류 중인
남북·북미관계 21차례의 부동산 정책에도
치솟기만 하는 집값 상승 등
전방위적 위기로 국민의 불안과 분노는 위험수위에 이르렀다
그 어느 때보다 국정의 파트너인
야당과의 대화·타협이 절실한 시점에서
여당의 국회 독식이 헌정사의 오점이자
민주주의의 최대위기를 불어올 수도 있다

김정은 북한 국무위원장이 건강관리에 소홀해
비만으로 시달리고 있는 것처럼
거대여당의 체력관리가 실패할 경우
나라는 하루아침에 거덜 날 수도 있다
정치권에서는 "거대여당의 협치 노력이 부족했고
청와대는 조정보다는 여당의 폭주를 부추겼다"는 지적도 나오고 있다
이날 문재인 대통령은 수석·보좌관회의서
"3차 35조원 규모의 추경을 기다리는 국민과
기업들의 절실한 요구에
국회가 응답해주실 것을 당부 드린다"고
야당을 압박했다

남북관계 승부수

문재인 정부 3년간의 대북정책은
북한의 비핵화 자체가 실종됐고
북한의 대남 막말과 도발 양상이
갈수록 악성으로 치닫고 있는 가운데
문 대통령은 7월 3일 국가정보원장에 박지원
청와대 국가안보실장에 서훈
통일부장관에 이인영
대통령외교안보특보로 임종석·정의용을 내정했다
범여권의 대표적 '북한통'을 모두 투입해
남은 임기 동안 남북관계 진전을 위한
총력전에 나서겠다는 의지를 드러낸 것이다

잘살아보세

1970년 '새마을 가꾸기 운동'에서
출발한 새마을운동이 50주년을 맞았다
"잘 살아보세"를 외치던 박정희식 개발모델을 상징하던
새마을운동이 이제는
'생명·살림·공경'이라는 구호로 무장했다
기와집을 올리고 길을 넓히는 삶이 아닌
진정 '잘살기 위한' 길을 모색하는
새마을 운동의 시대가 열렸다고
박정희 유산으로 통했던 새마을운동이
2018년 진보인사가 회장을 맡으면서
'환경중심 사회운동'으로 탈바꿈해서다
문재인 대통령은 2019년 10월 29일
전국새마을지도자대회에 처음으로 참석해
"오늘의 대한민국 밑바탕에는 '새마을운동'이 있다"
"새마을 운동이 조직 내부의 충분한 합의와
민주적 절차를 통해 '생명·평화·공경' 운동으로
역사적 대전환에 나선 것은 참으로 반가운 일이"이라고 했다

국군포로에 배상판결

서울중앙지법 민사47단독 김영아 판사는
2020년 7월 7일 국군포로 한모(86) 노사홍(90)이
조선민주주의인민공화국과 김정은을 상대로 낸
손해배상 소송에서
"피고들은 이들에게 각각 2,100만원을 지급하라"고 판결했다
이들은 6·25전쟁 때 중공군에 붙잡혀 북한의 포로가 됐다
이들은 1953년부터 3년간 북한 내무성 건설대에 소속돼
탄광 등에서 강제노역에 시달렸고
2000년과 2001년 탈북해 한국으로 돌아왔다

가수 안치환의 신곡

'사람이 꽃보다 아름다워'로 유명한 가수 안치환(54)이
7월 7일 진보세력을 비판하는 가사를 담은
신곡 '아이러니'를 발표했다
86세대의 정서를 담은 노래를 여럿 부른
대표적 민중가수인 그는 진보진영을 적나라하게 꼬집었다
그가 작사 작곡한 '아이러니'는
진보권력집단을 '기회주의자' '싸구려 천지'로 묘사했다

"일 푼의 깜냥도 아닌 것이
눈 어둔 권력에 알랑대니
콩고물의 완장을 차셨네
진보의 힘 자신을 키웠다네
(후렴)
아이러니 왜이러니 죽쒀서 개줬니
아이러니 다이러니 다를 게 없잖니
꺼져라! 기회주의자여

끼리끼리 모여 환장해 춤추네
싸구려 천지 자뻑의 잔치뿐
중독은 달콤해 멈출 수가 없어
쩔어 사시네 서글픈 관종이여"

안치환은
"권력은 탐하는 자의 것이지만 너무 뻔뻔하다
예나 지금이나 기회주의자들의 생명력은
가히 놀라울 따름이다
시민의 힘 진보의 힘은 누굴 위한 것인가?
아이러니다"라고 밝혔다
"세월은 흘렀고 우리들의 낯은 두꺼워졌다
그날의 순수는 나이 들고 늙었다
어떤 순수는 무뎌지고 음흉해졌다
밥벌이라는 숭고함의 더께에 눌려
수치심이 마비되었다"고 덧붙였다

부동산 악재

실패한 부동산정책이
시장을 아수라장으로 만들고 있다
다주택자를 21번의 정책실패의 희생양으로 삼은
부동산 포퓰리즘의 결과다
다주택자에 대한 압박은 청와대와 여당을 넘어
행정부로 향하고 있다
정세균 국무총리는 7월 8일
"부동산 문제로 여론이 매우 좋지 않다"
"고위공직자가 여러 채의 집을 갖고 있다면
정부가 어떤 정책을 내놔도 국민의 신뢰를 얻기 어렵다"고 말했다
2급 이상 고위 공직자 중 다주택자는
빨리 부동산을 팔라는 지시다
뿔난 민심 부동산 정책 혼선이 하반기 정국의
블랙홀로 떠오르고 있는 가운데 나온 추가대책인 셈이다

윤석열 악재

적폐수사로 문재인 정권 출범에 공을
세운 윤석열 검찰총장은 1년 전
여권의 환영을 받으며 임명되었다
그를 아는 사람들은 그가 정권의 뜻대로
움직이지 않을 거라 여겼지만
여권의 인식은 달랐다
윤 총장을 '자기 사람'으로 생각하며
컨트롤할 수 있다고 믿은 것이다
그러나 조국(曺國) 전 법무부장관의
수사를 기점으로 믿음은 산산 조각났다
여권이라고 봐주지 않는다는 걸
조국 사건과 울산시장 선거 사건 등의 수사에서 보여주었다
총선 전 끓던 여권은 총선 압승에 자신감을 얻어
일제히 윤 총장의 자진 사퇴를 요구하고 나섰다
윤 총장이 미동도 하지 않자
지휘책임자 추미애 법무부장관이 총대를 메고
분투하고 있다

북한 악재

지난달 북한 김여정의 앙칼진 말 폭탄에 통일부장관이 물러나자
박지원 의원은 "북한에서 자기들이 김여정 제1부부장이
한 번 흔드니까 인사조치되고…
이런 것도 나쁜 교육이 될 수 있다"고 사이다 발언을 했다
그러나 북한에 관해선 우리 국민도 알만큼 알고 있다
김여정이 "확실하게 남조선 것들과 결별할 때가 된 듯하다"며
남북공동열락사무소를 폭파하고 군사행동을
예고해도 불안·공포 반응은 나오지 않았다
북한이 어려우니 대북지원과 대북제재 해제를 확실하게 해내라는
의도가 너무 빤해서다
불안과 공포를 자아낸 건 우리 정부의 반응이었다

미국외교협의회 스나이더 선임연구원은
"문재인 정부가 북한의 충성 테스트에 직면했다"고 분석하고 있었다
김여정이 대북전단은 물론이고 민주국가인
남한 내에서의 대북 비판까지 억압하는
유화조치를 요구했다고 본 거다

정부는 북한인권 단체 설립 취소에서 그치지 않았고
박지원 국정원장 발탁
이인영 전대협 초대의장 출신 통일부장관
서훈 대북송금의 주역 국정원장
북한전문가 청와대 국가안보실장 등
안보라인을 친북적 인사로 물갈이했다
북한관광 개성공단 재개 등 북에서 원하는
모든 걸 남측 대통령이 해주겠다는 확실한 메시지다
이 정도면 충성테스트 통과 수준이 아니라
머리를 땅바닥에 조아리는 삼배고두라고 할 판이라고
동아일보 김순덕 칼럼이 쓰고 있다
왼쪽 빰을 맞고 오른쪽 빰까지 내준 데 감읍해
김정은이 핵을 폐기한다면
하느님이 보우하사 우리나라 만세다
그러나 기이하게도 새 안보라인은
북핵 폐기에 큰 무게를 안 두는 눈치다
6·25전쟁을 '내전(內戰)'이라 했던 문재인 정부다
비판세력을 토착왜구로 몰아붙이는 이유가
북에 정통성이 있다고 믿기 때문이라면 섬뜩하다고도 했다
현실사회주의 붕괴와 함께 냉전이 끝났다고는 하지만
그건 서구(西歐)의 시각일 뿐이다
전체주의 중국공산당이 미국의 패권에
도전하는 신냉전 시대다
체제경쟁은 아직 끝나지 않았다

박원순 자살

인권변호사 출신의 박원순 서울시장이
서울 삼청각 인근 산속에서
2020년 7월 10일 새벽 0시 20분 쯤 숨진 채 발견됐다
박 시장은 8일 밤 전직 비서로부터
성추행 고소를 당한 것으로 확인됐다
경찰에 따르면 박원순 시장의 딸이 9일 오후 5시경
"4~5시간 전에 아버지가 극단적인 선택을 암시하는
통화를 한 뒤 연락이 두절됐다"고 신고했다
오후 5시 35분부터 수색에 나선 경찰은
4개 기동대와 3개 경찰서 소방특수대 등
700여 명의 인력과 드론 경찰견 등을 투입
박 시장의 소재를 찾았다
안희정 충남도지사와 오거돈 부산시장에
이어 박원순 서울시장도 좌파들의
'무소불위의 권력'을 휘두른 정황이 드러나고 있다

6·25전쟁 영웅 백선엽

"이제 더는 물러설 곳이 없다
여기서 밀리면 바다에 빠져야 한다
우리가 밀리면 미군도 철수한다
그러면 대한민국은 끝이다
내가 두려움에 밀려 물러서면 나를 쏴라!"
향년 100세의 백선엽 예비역 대장이
2020년 7월 10일 오후 11시 서울대병원에서 노환으로 별세했다
백선엽 대장은 6·25전쟁 초기인
1950년 8월 낙동강 전선의 고지에서 후퇴하는 부하들에게
이렇게 외친 뒤 권총을 빼들고 앞으로 달려나갔다
그러자 부하들도 일제히 그를 따랐다
당시 국군1사단장(준장)이던 그는 국군 역사상
적진으로 직접 돌격한 유일한 장군이 됐다
국군과 유엔군은 8월 3일~29일
경상북도 칠곡군 다부동에서 이렇게 적의 예봉을 꺾었고
이어진 9월 15일 인천상륙작전으로 전세를 뒤집었다
대한민국이 공산주의의 야욕을 꺾은 순간이다

2부

민심은 천심이라

똥볼 찬 이해찬

박원순 서울시장 장례를
'서울특별시장(葬)' 5일장으로 치르지 말아 달라는
청와대 청원이 55만 명 이상의 동의를 얻었다
고인에 대한 비통함을 앞세워 성추행 의혹에 반응하지 않는
더불어민주당의 대응을 비판하는 목소리도 높았다
이해찬 더불어민주당 대표는 박 시장의
성추행의혹을 묻는 기자에게 '○자식'이란 욕설을 했다
박 시장의 비극적 자살의 선택은 안타까운 일이지만
묻는 직업인 기자로서 못할 질문은 아니었다
고인과의 연(緣) 때문에 불쾌했다고 해도
질문한 기자에 욕설을 퍼부은 그는 똥볼을 찬 게 맞다

이게 나라냐

하루 차이로 타계한 고 백선엽 장군과 박원순 서울 시장에 대해
여권이 180도 다른 태도를 보여 논란이 되고 있다
북한의 6·25남침으로부터 나라를 사수한 백선엽 장군에 대해선
추모 논평조차 내지 않은 반면
성추행혐의로 고소당한 직후 자살한 박 시장에 대해선
5일에 걸쳐 당·정·청 고위층이 총출동해
국민장급 장례를 치뤘기 때문이다
'이게 나라냐'는 절규가 나올 만도 하지 않은가

청년 장준하

청년 장준하는 일본군에서 탈출해
중경임시정부에 합류했다
그는 임시정부에 모인 독립운동가들 사이에 벌어지는
시기·질투·분열·암투를 보면서 크게 실망했다
일치단결해 일본군에 저항하고 있을 줄 알았는데
전혀 그렇지 못한 모습에 울분을 참지 못하고
환영모임에서 이렇게 고함쳤다
"지금 이곳의 실상을 알았다면 여기까지 오지 않았을 것을
지금이라도 일본군에 돌아갈 수 있다면
그들의 비행기를 타고 와서 이곳부터 폭격해버리겠다"
장준하는 피를 토하듯 울부짖으며 통곡했다
박원순 시장의 갑작스러운 자살로 우리 사회는 또 분열했다
그가 죽음으로써 법적으로 피해
피해호소인 고소는 '공소권 없음'으로 종결됐다
박 시장의 성추행 의혹을 무덤 속으로 끌어안고 감에 따라
실체적 진실은 묻히게 됐고
법적 구제는 고사하고 박 시장을 죽게 했다는
트라우마에 평생 시달릴 피해 호소 여성 입장에서는
기가 막힐 노릇이다

대대적인 장례식과 곳곳에 걸린 민주당의
추모 현수막 자체가 2차 가해에 해당한다는 주장에도 일리가 있다

"정권을 교체해도 정권 고유의 철학이 없다보니
고작 내놓는다는 것이 과장된 적폐청산이나 반일(反日) 구호뿐이다
국가의 미래보다 구악청산을 내세워
보복에만 신경을 쓰는 것은
미라를 찾으러갔다 미라가 되는 격으로
오히려 적폐를 증폭시켜
스스로 청산의 대상이 되는 불행한 역사를 되풀이할 뿐이다"
압도적 의석수에 기대어
역사와 민의의 해석권을 독점한 심판관을 자처하고 있는
청와대와 민주당이라는
중앙일보 대기자 배명복 칼럼 중의 이야기다

고소인 A

박원순 시장을 성추행 혐의로 고소한 전 비서 A측이
7월 13일 장례식일인 오후 2시 기자회견을 열고
“비서로서 재직했던 4년간은 물론이고
다른 부서로 발령 난 후에도 그로부터
성추행을 당했다”고 주장했다
박 시장이 안희정 전 충남도지사와
오거돈 전 부산시장의 ‘미투’사건을 목격하고도
성추행을 멈추지 않았다는 지적도 나왔다
A씨는 7월 8일 박 시장을
‘성폭력특례법 위반’ ‘업무상 위력에 의한 추행’
‘강제추행 혐의’로 서울지방경찰청에 고소했다
고소당일 진행된 고소인 조사는
이튿날 새벽 2시까지 이어졌다
박 시장은 조사가 끝난 9일 오후 실종됐고
결국 극단적 선택을 한 상태로 발견됐다
이후 각종 논란에도 침묵해오던 고소인 A측은
박 시장 장례 절차가 종료된 직후에
서울 은평구 ‘한국여성의 전화’ 사무실에서 기자회견을 열고
피해 사실을 비교적 자세히 공개했다
A의 법률대리인인 김재련 변호사는
“올해 5월 12일 피해자를 1차 상담했고

26일 2차 상담을 통해

구체적인 피해 내용에 대해 상세히 듣게 됐다

하루 뒤인 27일부터 구체적으로 법률적 검토를 시작해 나갔다"고

고소에 이르기까지의 경위를 설명했다

문재인 정권 사람들

안철수 국민당 대표는 7월 13일

박원순 서울시장의 성추행 의혹과 장례절차 등을 둘러싼 논란에 대해

"이 정권 사람들의 고위공직관은 근본적으로 문제가 있다

한마디로 표리부동"이라고 비판했다

안 대표는 최고위원회의에서

"누구보다도 정의와 공정을 외치고 개혁을 말하지만

말과 행동이 정반대인 경우가 너무나 많다"

"부동산 투기에서 막말과 성추행에 이르기까지

그들의 인식과 행태는 너무나 이중적이고 특권적이며

노닉석 윤리적으로 타락한 사회를 향해 가고 있다"

"건강하고 보편적인 가치와 규범이 지금

우리에게 존재하고 있는지 의문"이라고도 했다

박원순 시장 건을 두고는

"한 개인의 죽음은 정말 안타깝지만

그가 우리에게 남긴 숙제는 절대 작지 않다"

"모두가 눈 부릅뜨고 지켜보지 않으면

옳은 일과 옳지 않은 일이 뒤바뀌고

가해자와 피해자가 뒤바뀌는 일마저도 일어날 것"이라고 했다

아울러 "이 정권 하에서 '가진 자' '있는 자'

‘행세하는 자’들의 민낯이 드러났다”며
“피해는 단지 그들에서 끝나지 않고
사회 전체에 전염병처럼 번지고
정의와 공정 그리고 도덕과 윤리가
속절없이 무너지고 있다”고 지적했다
이어 조국 전 법무장관 건도 거론하며
“단순히 반칙과 특권에 멈추지 않고
거짓과 위선의 이중성까지 겸비한
불가역적 타락이었다”고 말했다
안 대표는 지난 11일
“고인의 죽음에 매우 안타까운 마음을 금할 수 없지만
서울특별시장(葬)으로 장례를 치르는 것에 동의할 수 없다”며
조문에 불참했다

자살률 1위 국가

노무현 전 대통령의 자살에서
박원순 전 서울시장의 자살까지
범죄혐의를 받던 저명 정치인의 자살이
사회에 끼치는 가장 심각한 폐해는
자살을 속죄(贖罪)로 보는 인식을 조장한다는 것이다
자살은 속죄가 아니라 범죄다
다만 처벌할 사람이 죽어 없기 때문에
원천적인 '공소권 없음'의 범죄일 뿐
노무현과 박원순의 자살은 오히려
그들에게 씌워진 혐의를 어느 정도 인정하게 만들었다
불법 정치자금을 받은 혐의로 수사를 받던 노회찬 전 국회의원은
"어리석은 선택이었고 부끄러운 판단이었다"며
"죄송하다"고 유서에 썼다
노무현과 박원순은 그들 혐의에 대해서
구체적으로 언급하지 않았고
부인도 시인도 아닌 회피였다
자살은 용기 있는 태도도 아니고
인간적인 태도도 아니다
죄를 지었으면 살아서 합당한 죄값을 치르는 것이
진짜 용기 있는 태도다
안희정 전 충남지사는 큰 수치를 당했다

피해자에게 잘못했다고 말하고 수감돼
죗값을 치르고 있다
명확히 잘못했다고 말하지도 않고
자살해버린 사람이 잘못했다고 말하고
감옥에 갇혀 죗값을 치르는 사람보다
더 추앙받는 분위기는 좌파들이 만들어낸
죽음의 문화일 뿐이다
창피하게 죽은 자들의 장례를 시끌벅적 치르는 나라는
한국 말고는 없을 것이다
자살률 1위 국가라는 타이틀이 부끄럽지도 않은 모양이다

백선엽 장군 안장식

미 국무부는 2020년 7월 14일
'백선엽 장군의 별세에 대해'라는 성명에서
"한국전쟁에서 조국에 헌신한 그의 업적은
한·미 양국이 오늘날까지 이어온 자유와
민주주의라는 가치를 위한 싸움의 상징이었다"며
"한국인에게 가장 진심어린 애도를 표한다"고 밝혔다
통상 미 국무부는 정상급 지도자가 사망했을 때에
성명을 내는 만큼 이날 성명은 대단히 이례적이다
7월 15일 서울 아산병원에서 엄수된 백선엽 장군의 영결사에서
로버트 에이브럼스 한미연합사령관 겸 주한미국사령관은
"철통같은 한미동맹의 창시자 중 한 분이셨다
전우여 안녕히 가시라"며 조의를 표했다
이날 고인의 영결식과 국립대전현충원에서 진행된 안장식에는
더불어민주당 지도부는 참석하지 않았고
문재인 대통령은 조화를 보냈을 뿐
끝내 추모메시지를 내지 않았다

하늘에서 비가 내렸다

때마침 하늘에서 비가 내렸다
6·25전쟁의 영웅 백선엽 장군을 태운
운구차량이 7월 15일 오전 11시 반
국립대전현충원 장군묘역 앞에 도착했을 때였다
김판규 전 육군참모총장은 추도사에서
"마른하늘이 울고 대지가 통곡하며 애국
국민의 애도물결이 우리를 더 슬프게 한다"고 말했다
안장식이 끝나자마자 비가 그쳤다
서울아산병원에서 열린 백선엽 장군의 영결식에서
송영근 예비역 중장은 추도사에서
"한미연합사령부에 근무할 때 고인의 저서가
미국 장병 필독서로 활용됐고
미군들이 '진정한 영웅'이라며
고인에게 인사드리는 모습을 지켜봤다"며
"정작 우리는 살아있는 영웅을 제대로 모시지 못했나
회한이 컸다"고 했다
그는 "국가장으로 동작동 서울현충원에
모시지 못하는 현실이 안타깝다"고도 했다
안장식에서는 6·25전쟁 당시 전투복으로 수의를 입은
고인의 관엔 생전 유지에 따라
다부동전투 등 6·25전쟁 8대 주요 전쟁터에서 퍼온
흙을 헌토하는 의식이 진행됐다

6·25전쟁 참전용사들과 한미장병 등으로
구성된 8명이 헌토했다
지도부가 참석한 미래통합당과 달리
지도부가 불참한 더불어민주당은
민홍철 국회 국방위원장과 황희 의원
예비역 육군대장 김병주 의원만 참석했다

이해찬의 사과문

'등 떠밀린 이해찬의 사과' '진상규명엔 발 빼고 책임 통감'

경향신문의 기사 제목이다

이해찬 더불어민주당 대표가 박원순의 성추행의혹과 관련해

7월 15일 "당 대표로서 너무 참담하고

국민께 뭐라 드릴 말씀이 없다

다시 한 번 국민 여러분께 송구하단 말씀을 드린다" 고 말했다

박원순을 고소한 피해자를 향해선

"피해 호소인이 겪는 고통에 깊은 위로의 말씀을 드린다"

"이런 상황에 대해 민주당 대표로서 통절한 사과의 말씀을 드린다"고 했다

이해찬 대표는 피해자를 이례적으로

'피해 호소인'이라고 해 논란이 되고 있다

이 나라 어디로?

이 나라 지금 어디로 가고 있나?
라디오 시사 프로그램을 진행하는 노영희 변호사가
'6·25전쟁 영웅' 백선엽 장군에 대해
"우리 민족인 북한을 향해 총을 쏴서
이긴 공로가 인정된다고 현충원에 묻히느냐"고 했다
남침한 북 공산군을 향해 국군이 총을 쏜 것이
잘못이라는 이야기로 들린다
이런 사람이 방송에 나와 평론을 하고
라디오 시사프로그램까지 진행했다
광복회는 7월 15일 백선엽 장군 안장식이
진행된 대전현충원 정문 앞에서 안장 반대집회를 열었다
김원웅 광복회장은 백 장군을 '영웅이자 국가의 보물'이라고 한
주한미군사령관을 본토로 소환하라는 서한을
트럼프 미국 대통령에게 보냈다
김원웅은 전두환 정권시절 민정당에서
요직인 조직국장을 지낸 인물로
이 정부들어 광복회장이 되자
6·25때 공을 세워 김일성으로부터 훈상까지 받은
김원봉의 서훈을 추진하고
백선엽 장군은 '토착 왜구'라고 매도했다

전혜원 대구지점 검사는 소셜미디어에
박원순 시장과 팔짱 낀 사진을 올리고
"자수한다 내가 성인 남성 두 분을 동시에 추행했다"
고 했다
박원순 성추행 피해자를 조롱하고 비꼰 것이다
조선일보 사설은 "이 나라가 언제부터
도저히 정상이라고 볼 수 없는 사람들이
발호하는 나라가 됐나"라고 개탄하는 글을 올렸다

이재명 기사회생

이재명 경기도지사가 살아났다
대법원 전원합의체는 7월 16일
공직선거법 위반 혐의 등으로 기소된
이 지사의 상고심에서
벌금 300만원을 선고한 원심을 7대5로 깨고
사건을 수원고법으로 돌려보냈다
안희정·박원순이 잇따른 탈락으로 쪼그라들었던
여권의 대선구도에 변화가 올 수도 있는
이른바 이낙연 독주체제의 균열이다
윤태곤 더모아 정치분석실장은
“이낙연 의원은 문재인 정부의 국정 지지도가 흔들릴 경우
함께 지지율이 빠질 우려가 있지만
이 지사는 상대적으로 자유로운 편”이라고 분석했다

5·18사죄한 노재헌

법원은 1997년에
1979년 12·12쿠데타와
1980년 5·18진압을 군사 반란과 내란 행위로 판단
전두환 대통령 무기징역
노태우 대통령 징역 17년형을 선고했다
제13대 대통령으로 1988년부터 1993년까지 재임한
노태우 대통령은 재직 당시 비자금을 조성한 혐의로
추징금 2,629억여 만원을 선고받고
16년이 지난 2013년 이를 완납했으나
오랫동안 잊혀진 사람으로 기억되고 있다
노태우 대통령(88)의 아들 노재헌(55) 동아시아문화센터 원장은
최근 9개월 사이 국립5·18민주묘지를 3차례 참배했다
그리고 아버지의 근황을 이야기했다
"아버지를 대신해 사죄한다 아버지께서
직접 광주의 비극에 대해 유감을 표현해야 하는데
병석에 계서서 여의치 않다"며 고개를 숙였다
"말씀과 기동올 못하신지 꽤 오래 됐습니다
아버지 거동과 언어 표현이 자유롭지 못하시고
모친(김옥숙 여사·85)의 건강도 연세가 있으신 데다
아버지 병간호를 하시는 과정에서
본인 건강까지 나빠지셨어요"라고 했다

코로나19로 외출을 삼가는 생활에서
많은 생각을 해보게 된다
'빛과 그리고 그림자'가 무엇인가도…

대통령의 결단

당정 간은 물론 여당 대선주자들까지 뒤엉켰던
그린벨트 해제 여부를 결국
7월 20일 문재인 대통령이 정리했다
문 대통령은 정세균 국무총리와의 주례회동에서
"그린벨트는 미래세대를 위해 해제하지 않고
계속 보존해나가기로 했다"고 총리실이 발표했다
앞서 야당에선 일제히 문 대통령이
직접 이 문제를 풀어야 한다고 요구했다
김종인 미래통합당 비상대책위원장은
"도대체 부동산 정책을 누가 주도하는지 분명치 않다
주택정책에 관한 혼란을 수습하기 위해
대통령이 결단을 내려야 한다"고 했고
심상정 정의당 대표와 안철수 국민당 대표도
같은 취지의 발언을 했다

적과 내통한 박지원

주호영 미래통합당 원내대표가
박지원 국가정보원장 후보자를 향해
"적과 내통한 사람"이라고 언급한 것과 관련해
문재인 대통령이 "매우 부적절한 발언"이라고 말했다
주 원내대표는 "국정원은 국가 정보기관인데 정보기관은
적을 추적하고 냉정하게 적을 파악해야 하는데
적과 친분관계 있는 분이 국정원을 맡아서 과연 되는가"라며
"대한민국을 지키는 정보기관에
적과 내통하는 사람을 임명한 그 개념부터 잘못된 것"이라 했다
이 발언이 전해지자
박지원 후보자 측에서도 공식입장을 냈다
"근거 없는 색깔 공세로 대단히 모욕적인 발언"이라며
"청문회를 앞두고 야당이 흠집내기와 낡은 색깔론을 펴고 있지만
정치적인 공세에도 지켜야할 선이 있다"고 했다
주 원내대표는 "박 후보자는 대북송금 특검 결과
6·15남북 정상회담을 대가로
북한에 4억5천만 달러를 송금한 데 관여한 혐의로
유죄판결을 받고 복역한 바 있다"며

"국민을 속이고 북한과 뒷거래하고
북한이 원하는 대로 다 해준 업적(?)이 문제성이라는 말인가"라고 주장했다
이에 앞서 7월 16일 주호영 원내대표는
문재인 대통령의 국회 개원연설에 맞춰 기자회견을 열어
"박원순 전 서울시장 오거돈 전 부산시장
안희정 전 충남지사 등
민주당 광역단체장 들의 잇따른 성범죄에 대해
대통령은 일절 언급하지 않고 있다"면서
문 대통령의 사과와 10개항의 질문에 대한 답을 요구했다
문 대통령의 연설에 대해서도
"하고 싶은 말만 하고 국민이 듣고 싶은 말은 없었다"고 혹평했다

이번엔 코로나 탓

2017년 5월 문재인 대통령 취임사는
명문(名文)이라고 했다
탄핵으로 어수선한 나라를 바로잡고
국민을 섬기겠다는 충심이 곳곳에 녹아 있었다
"한 번도 경험하지 못한 나라를 만들겠다"는 문구가
특히 유명했다
보수 쪽에선 조국·윤미향 사태를 겪으면서
"정말 한 번도 경험하지 못한 나라가 되고 있다"고 개탄하고 있다
또 하나의 유명한 문구가
"기회는 평등하고 과정은 공정하고 결과는 정의로울 것"이다
취임사에서 꿈꾼 나라가
임기 5년 안에 뚝딱 만들어지기는 어렵다
아무리 애를 써도 당장 안 되는 부분이 있다
그러나 취임사 맨 뒤쪽의
"잘못한 일은 잘못했다 말씀드리겠다
군림하지 않고 소통하는 대통령이 되겠다"
이건 '평등·공정·정의' 같은 국정목표가 아니다
목표를 이루기 위한 방안이다
문 대통령은 소탈하고 서민적인 막걸리 이미지다
박근혜 대통령의 구중궁궐 공주 행태에 질린

국민은 큰 기대를 했다

그런데 문 대통령은 그 좋은 이미지를 살리지 못하고 있다

취임사와 달리 잘못을 좀처럼 인정하지도 않는다

잘 소통하지도 않는다

대통령뿐 아니라 이 정권 사람들은

사과와 소통대신에

전 정권 탓

야당 탓

재벌 탓

언론 탓으로 돌린다

올해에는 코로나19 탓을 추가했다

대통령은 지난주 국회에서

"부동산 투기로 더 이상 돈 벌 수 없도록 하겠다"고 했다

이 정부 부동산 대책이 22차례나 실패한 뒤에 나온 연설이다

중국의 대홍수

2020년 7월 20일 중국 남부지역에
한 달 반 이상 폭우가 쏟아지면서 중국
남부의 양쓰강 중 하류의 피해도 불어나고 있다
안후이(安徽)성 당국이 불어난 강물
수위를 낮추기 위한 고육책으로 제방을 폭파했다
하류의 큰 피해를 막기 위해 거주인원이 적고 농
경지가 대부분인 상류지역의 제방을
일부러 무너뜨린 것
세계 최대 수력발전 댐인 싼샤(三峽)댐의 수위도
최고 수위에 접근하고 있어 불안감이 커지고 있다
이번 폭우로 사망·실종 141명과
3,873만 명의 이재민이 발생했다고 밝혀
홍수 피해액은 500억 위안
한국 돈으로 약 8조6000억 원에 달하는 것으로 추정
하고 있다

3부

도덕적 파탄시대

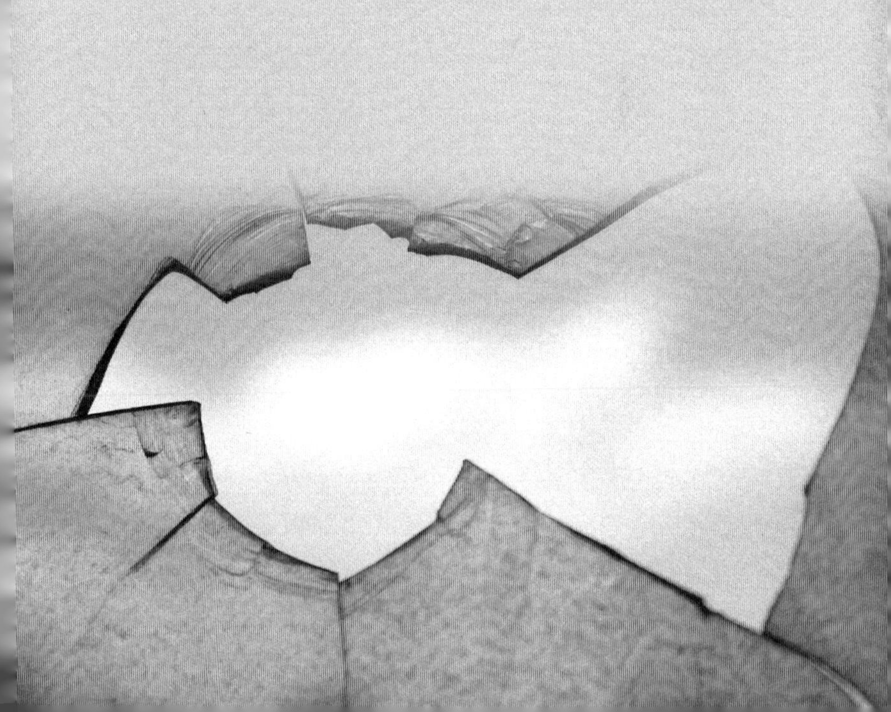

UAE의 화성탐사선

코로나19에 지구가 강타당한 올여름
맨 먼저 화성으로 탐사선을 보낸 것은
아랍에미리트(UAE)다
2015년 발표한 계획대로 2020년 7월 20일 오전
아랍권 최초의 화성탐사선 '아말'을 발사했다
아랍어로 '희망'을 뜻하는 '아말'은 이날 오전 7시경
일본 다네가시마(種子島)우주센터에서 발사돼
5억km 이상을 날아가
UAE 건국 50주년이 되는 2021년 2월쯤
화성궤도 들어간다

홍콩의 중국화

홍콩의 '중국화'에 속도가 붙으면서
'홍콩 엑소더스(Exodus· 대탈출)가 가시화하고 있다
홍콩이 누렸던 아시아의 경제중심지 지위를 차지하기 위한
아시아 국가의 경쟁도 달아오르고 있다
이미 싱가포르가 앞서가고 있고
일본은 총력전 태세다
그러나 한국 정부는 뒷짐만 지고 있다

도덕적 파탄정부

주호영 미래통합당 원내대표는
7월 21일 국회교섭단체 대표 연설에서
"문재인 대통령 취임사 중 유일하게 지켜진 것이라곤
'한 번도 경험하지 못한 나라'뿐이라고
국민은 냉소하고 있다"고 말했다
"대통령은 국민이 행복한 나라
내 삶이 나아지는 나라를 만들겠다고 했지만
정작 국민에겐 좌절과 분노만 쌓여가고 있다"고 했다
그는 이어 "이미 대통령 권력과 지방권력 심지어
시민사회 권력까지 완벽히 장악한 상황에서
이제 마지막까지 남아있던 의회권력마저도
완전히 장악하고 돌격 태세를 구축함으로써
일당 독재 전체주의 국가가 되어가고 있다"고 했다
"도덕적으로 파탄난 전체주의 정권"이란
최창집 고려대 명예교수의 진단도 인용했다
더불어민주당이 상임위원장을 싹쓸이하는 등
국회를 자신들의 뜻대로 끌고 가는 걸
'의회독재 고속도로의 개통'으로 표현하곤
"대통령이 말하는 협치는 대통령과 민주당 하는 일에
그저 반대하지 않고 찬성하는 걸 말하는 것인가"라고 반문했다
주호영 원내대표는

△ 조국·윤미향 논란

△ 인천국제공항공사 사태

△ 안희정·오거돈·박원순 등 광역단체장 성추행 의혹

△ 추미애 법무장관의 윤석열 검찰총장 '핍박과 축출 시도'

△ 이재명 경기지사와 은수미 성남시장 등 판결을 거론하며

"공정과 정의를 비롯한 가치들은

그저 정권을 잡기 위한 구호였냐"고 물었다

그러면서 현 정권의 실상을 '위선과 몰염치'로 규정했다

판사출신인 그는 "김명수 대법원장

사법부 수장으로 부끄러운 줄 아시오!

사법사에 어떤 대법원장으로 기록될지 두렵지 않느냐"라고 말할 정도로

사법부도 강하게 성토했다

등 돌리는 2040

더불어민주당이 '부동산 문제' 등
젊은 세대의 고충 해결을 최우선 과제로 지목했다
2040세대의 지지가 21대총선 승리를 이끄는 기반이 됐지만
부동산 문제와 박원순 서울시장 성추행의혹이
이들의 이탈을 초래했기 때문이다
총선 압승 3개월 만에 '등 돌린' 최대 지지세력을 붙잡기 위한
집권여당의 고심이 깊어지고 있다는
경향신문의 기사가 큼직하게 다가왔다

부동산 정치

부동산 정치가 점입가경이다
하루가 멀다 하고 '듣보잡 대책'이 쏟아져 나온다
세제·금융·거래 3종 규제 세트가 더 세지더니
급기야 그린벨트 해제에 행정수도 이전까지 등장했다
3년 내내 뭣들 하다가 이제 와서 난리법석이다
더 한심스러운 건 정부 여당의 '아무말 대잔치'라고 했다
문재인 정부는 '소득주도 성장'이란 이름 아래
너덜너덜해진 경제 실정을 코로나19가 덮어버렸지만
문재인 정부가 집값 잡겠다고
이리저리 남발한 23개의 정책으로
집 가진 이나 안 가진 이를 막론하고
국민 모두를 범법자로 만드는 엉망진창의 결과를 초래했다
특히 부동산관련 세금은 거의 대국민 테러 수준이다
세금이 아니라 벌금이다
징수가 아니라 강탈이다
오죽했으면 배진교 정의당 원내대표가
7월 22일 부동산대책 실정을 비판하며
"더 늦기 전에 홍남기 부총리와 김상조 청와대실장 등
문재인 정부 경제팀을 교체해야 한다"고 촉구할 정도가 됐을까

배진교 원내대표는 이날 국회비교섭단체 대표 발언에서

"한국판 뉴딜은 돌파구보다는 블랙홀에 가깝다"고 했다

KAIST에 676억 기부

기자·사업가 83세 여걸 676억 KAIST에 쾌척
신문기사의 타이틀이다
이수영(83) 광원산업회장 전 재산 기부
경기여고·서울법대 엘리트 인생
기자 해직 후 소·돼지 키워 종잣돈
부동산·모래 채취업으로 큰돈 모아
2년 전 대학동기인 첫사랑과 결혼한
"나는 과학은 모르지만 과학의 힘이 큰 줄은 압니다
한국의 미래를 이끌어갈 과학기술 인재를 키워주기 바랍니다
바라는 것은 그것뿐입니다"
평생 모은 재산을 기부하는 약정식의
주인공 이수영 회장의 말이다
이 회장은 "오랫동안 가까이서 지켜봤는데
KAIST가 우리나라 발전은 물론이고
인류에게 공헌할 수 있는 최고의 대학이라는
믿음을 갖게 됐다"고 설명했다
한국의 산업화와 공업화 과정을 목격한 그에게
가장 시급하고 중요한 것은 과학기술이었다
세계적인 선도 기업인 삼성전자반도체 분야의
석·박사 연구 인력의 25%가 KAIST 출신이라는 점에
그는 매료됐다

KAISTᄂ 는 이 회장 기부금으로 '이수용 과학교육재단'
을 설립해

'카이스트 싱귤래러티(singularity) 교수'[1]를 육성하
는사업을

적극 추진할 것이라고 했다

KAISTᄂ 는 박정희 대통령의 역작이다

1) 싱귤래러티 교수는 과학지식의 패러다임을 바꾸거나 인류 난제를 해결할 연구·독창적 과학 지식과 이론을 정립할 수 있는 연구에 매진하는 교수를 말한다

거여(巨與)의 폭주

176석 거여로 거듭난 더불어민주당의
브레이크 없는 폭주가 이어지고 있다
4·15총선 105일째를 맞는 7월 28일 민주당은
국회 전 상임위 과반 의석과 위원장을 장악한 힘을 바탕으로
하루 종일 야당의 존재를 무시한 채 밀어붙였다
민주당은 국회 정보위를 열고
추가 검증을 요구하는 미래통합당의 반대에도
박지원 국가정보원장 후보자의 인사청문보고서를 단독으로 채택했다
문재인 대통령은 몇 시간 뒤 박 후보자의 임명을 재가했다
민주당은 기획재정위·국토교통위·행정 안전위에선
부동산 관련법 13개 법안을 일방적으로 상정해 처리했다
통합당은 항의했지만 '표결 원칙'을 앞세운
관련 상임위원장들의 의사진행 앞에 속수무책이었다

월급 빼고 다 오른다

요즘 문재인 정부에서
월급 빼고 다 오른다는 말이 있다
법인세·소득세율은 오른 지 3년이 됐고
취득세·종합부동산세·양도소득세 등
주식과 가상화폐에도 양도세를 도입
전자담뱃세를 강화한다
신발을 던지는 부동산 반발 집회가 거듭 열리고
인터넷에 조세저항 국민운동이 실검 1위로 오르고 있다
호환(虎患)·마마보다 더 무서운 세금 때문이라고 했다

좌파독재의 시작

브레이크 없이 폭주하고 있는
더불어민주당이 7월 29일 '주택임대차보호법'을
미래통합당 불참 속에 일방적으로 처리했다
28일 '부동산거래신고법 개정안'에 이어
민주당이 추진해온 '임대차 3법'이 발의 2개월 만에
모두 국회 상임위를 일사천리로 통과한 것
민주당은 이날 고위공직자범죄수사처장(공수처장) 선출을 위한
'공수처법 후속 3법'도 강행처리했다
상정된 공수처 후속 3법이 의결되기까지 단 18분에 불과해
176석 의석수를 앞세운 슈퍼 여당의 '힘의 정치' 속에
△ 소위 심사보고
△ 법안 축조심사
△ 반대론
△ 비용추계서 첨부 등
국회법상 입법절차는 모두 실종됐다
좌파독재가 시작된 것이다

감사원장 질타

더불어민주당은 7월 29일 국회 법제사법위원회에서
월성 1호기 원자력발전소 조기 폐쇄 감사 과정 중
정부의 탈원전 정책을 거스르는 발언을 했다는 논란에 휩싸인
최재형 감사원장을 집중 질타했다
민주당은 "정치적으로 편향돼 감사원장에 적격한 인사가 아니다"라며
최 원장에 대한 거취문제까지 거론했다
당청의 최재형 원장 성토에 대해
미래통합당 최형두 원내대변인은
"자신들 구미에 안 맞는다고
국가 최고감사기구 수장을 핍박하고 공격하는 모습에
국민들은 '살아있는 권력도 엄정히 수사하라'며
대통령이 임명한 윤석열 검찰총장의 지금 모습을 함께 떠올린다"고 지적했다

뱃족수 못 찾는 통합당

거여(巨與)의 폭주 더불어민주당은
폭주에 가까운 모습으로 법안 처리와
인사청문회를 밀어붙였지만
미래통합당은 "국민이 민주당의 본모습을 깨달을 것"
이라고 말한 것 외에는
어떤 실효성 있는 조치도 내놓지 못하고 있다
장내에서 투쟁하겠다면서도
퇴장밖에 방법이 없다는 모순적인 말에서
통합당의 무기력이 고스란히 드러나고 있지만
그게 자업자득이란 걸 모르니 한심하다
배때기 불러 밥투정하다가
회초리 맞은 꼬락서니 하고는…

세종시 천도설

부동산 정책과 동시에 거론된 세종시 천도설이 있은 지
며칠 지난 8월 1일부터
수도권과 중부지방을 중심으로 내린 국지성 집중호우로
인명·재산 피해가 속출하고 있다
2일 중앙재난안전대책본부에 따르면
이날 오후 7시 30분 기준 6명 사망 8명이 실종됐다
기록적인 '물폭탄'이 쏟아진 충북에서는 4명이 숨지고
소방대원 1명 등 8명이 실종되어 가장 많은 인명 피해가 났다
기상청은 한반도가 제4호 태풍 '하구핏'의 영향권에 놓이면서
5일 이후까지 중부지방을 중심으로
폭우가 이어질 것으로 예상했다

태조 이성계의 한양천도

지금으로부터 628년 전인 1392년
조선왕조를 창업한 태조는 세자책봉을 서둘렀다
태조 이성계에게는 1391년에 사망한 한씨(韓氏-신의왕후로 추존)의 소생
6남매 방우·방과·방의·방간·방원·방연 등과
현비 강씨(康氏-신덕왕후)의 소생
방번·방석·경순공주 3남매가 있었다
태조는 세자책봉에 있어 부왕의 창업을
도와 공로가 큰 방원을 생각하고 있었다
정도전 등의 창업공신들도 방원을 첫째로 꼽고 있었다
그러나 계비 강씨의 강청으로 그해 8월
강씨의 소생 10세의 방석이 세자로 책봉되었다
신하들도 그렇고 태조 역시 자신의 강청에 못 이겨
마지못해 결정한 일이라는 것을 모를 리 없는 강씨는
일이 이렇게 된 이상 민심을 다른 곳으로 집중시켜
세자책봉에 대한 후유증을 불식시키고자
고려의 도읍지 개경을 버리고 다른 곳으로 천도하자고
태조를 졸라 태조 2년에 접어들면서
태조는 민심을 안정시키고 세자책봉에 대한 불만을무마하려고
중전 강씨의 의견을 따라 도읍을 옮기기로 하였다
풍수지리설에 일가견이 있다는 권중화를

내전으로 불러들인 중전 강씨는
은밀히 새 도읍지를 물색하라고 했다
권중하는 수개월 동안 돌아보고
충청도 계룡산 밑에 적당한 터가 있다고 보고했다
중전 강씨는 태조를 졸랐다
태조는 국사(國師) 무학대사를 대동하고
계룡산까지 친히 나가 시찰하고
대궐 터와 종묘사직의 자리와 성터까지 살피고
돌아와 서둘러 공사를 시작하였다

경복궁의 준공

많은 신하들은 천도를 반대했다
공사가 시작되고 1년이 지나 하륜(河崙)이
천도반대상소를 올렸다
대신들은 이를 계기로 조직적으로 반대하고 나왔다
태조는 물이 부족하다는 점 등을 수긍하면서도
중전의 의견을 꺾지 못하고 공사를 진행시켰다
그러던 어느 날 태조는 꿈을 꾸었다
백발이 성성한 노인이
"그 땅은 삼정삼읍의 땅이요 너의 것이 아니니
빨리 다른 곳으로 옮기라"고 했다
삼정삼읍이란 정씨(鄭氏)를 가리키는 말로
계룡산은 장래 정씨가 도읍으로 정한다는 정감록의 말이었다
꿈을 깨고 난 태조는 고집스럽게 우기던
계룡산의 도읍지 공사를 중단시켰다
그리고 1393년 1월 다른 곳으로 옮긴 곳이
지금 서울의 경복궁이다

권불십년

공사가 끝나기도 전에 태조를 모시고 한양으로 와서
종묘와 경복궁을 완성하고
태조 3년인 1394년 겨울에 새 대궐에서 낙성식을 거행했다
중전 강씨는 일등공신 중에서도
정도전·남은 두 사람을 가장 가까이 했다
글 잘하고 말 잘하고 무슨 일이든 계획성이 있어
왕비의 아낌과 태조의 진한 사랑을 받았다
경복궁의 이름을 비롯 각종 문(門)과
누각(樓閣)의 작명은 정도전의 몫이었다
정도전은 세자 방석을 위해 무엇이든 돕겠다는 결심을
맹세까지 하였다
이제 세자의 앞날은 탄탄대로였다
그러나 권불십년(權不十年)이라 했던가
중전 자리에 올라 자기 소생 방석이 세자가 되었고
소원하던 개경을 떠나 한양에 도읍하고
새 궁궐에 안주인이 되어 화사한 웃음을 보이던
강씨의 얼굴에는 그늘이 드리워지기 시작했다
점쟁이 말로는 대궐 터가 좋지 않을 뿐 아니라
새 집을 지으면 안주인이 부정을 타는 수가 있다고 했다
태조 이성계는 왕비 강씨가 세자를 염려하는

그 애절한 모습을 지켜볼 수가 없었다
정도전이 나서며 맹세를 하였다
"중전마마 신이 죽음으로써 맹세하옵니다
세자마마의 장래는 제가 지켜드리겠습니다"
태조가 한 마디를 더하였다
"중전 내 살아있는 동안 별일이야 있겠소?
아무 걱정말고 어서 일어나시오"
"마마! 황공하옵기 그지없사옵니다
왕자들을 잘 부탁합니다"
이윽고 중전의 고개가 옆으로 떨어졌다
1396년 여름이었으니 새 궁궐에 들어온 지
2년도 채 안 되었다
태조는 친히 산소자리를 정하여
안암동 능지의 땅을 팠으나 물이 솟아 이를 중지하고
취현방 곧 정동(貞洞)에 능지를 정하고
왕비의 시호를 신덕왕후(神德王后)
능을 정능(貞陵)이라 했다
오늘날 덕수궁 뒤 정동 일대가 그곳이다

정도전의 살육음모

세자책봉에 불만을 방원(芳遠)에게
불안을 느낀 정도전·남은 등은 살육음모를 꾸몄다
신덕왕후에게 세자를 위해 무엇이든 하겠다고
맹세한 그들이었으니 이상할 것도 없었다
태조의 병환을 기화로 한씨 소생 왕자를 경복궁으로 불러들여
근정전 모퉁이에서 왕자들을 주살한다는 준비를 끝낸
정도전 등은 송현동 남은의 집에서 술판을 벌이고 있었다
그들은 대궐에서 좋은 기별이 오기를 기다렸으나
비밀이 누설되어 이방원에게 역습을 당하고 목이 잘렸다
어전에서는 태조가 입술을 깨물었다
그토록 믿던 조준·김사형이 방원의 무리와 어울려
왕세자를 모함하다니…
"좌정승은 들으시오
세자책봉한 지 7년이 지났소
그런데 무슨 왕세자를 다시 정한다는 말이오
이는 도리에 어긋나는 일이오"
조준은 앞으로 다가서며 큰 소리로
"지금의 왕세자는 정도전 등과 함께 다른 왕자를 죽이고

국본을 어지럽히려 반역을 하였사옵니다

왕세자를 다시 정하시어 국본을 진정시키심이 좋을 것이옵니다"

쉽게 물러설 신하들이 아니라는 것을 안 태조는

"경은 누구를 왕세자로 정했으면 좋겠소?"

"정안대군(靖安大君-方遠)이 국가에 공로가

제일 큰 사람이오니 그를…"

방원 소리에 태조는 노여움이 북받혔다

이때 방원이 어전으로 들어와 부복했다

"아바마마! 심기 어지럽혀드려 죄송하오나

이는 종묘사직을 위함이옵고

소자의 영달을 위한 것이 아니었사옵니다

소자는 세자 되기를 원치 않사옵니다"

이때 가장 놀란 사람은 하륜(河崙)이었다

군왕 되기를 그토록 열망하던 정안대군이 아니던가?

그의 속마음을 누구보다 소상하게 알고 있는

하륜이었기 때문이다

제2대왕 정종

"아바마마 서열대로 하여 주시옵소서
세자는 적장자로 책봉되어야 할 것이옵니다"
이때 장남 방우(芳雨)는 일찍 아버지가
혁명의 뜻이 있음을 알고 해주에 들어가
음주로 세월을 보내다가 죽었다
차남 방과(芳果)가 사실상 장남이었다
그러나 그도 피신해있었다
조정에서는 사방으로 사람을 보내 그를 찾아
세자책봉의 재가를 내리게 하였다
이어서 조준 등은 10세에 세자가 되었다가
16세로 쫓겨나는 방석(芳碩)을 향해 소리쳤다
"개국공신 정도전 등이 불측한 야욕을 채우기 위해
왕자를 모시려고 반역하였소
그들이 건국에 공이 있다고는 하지만
이 죄를 감히 사할 수 없어 도륙되었소
왕자도 이곳을 떠나야 하오"
방석은 아버지 태조에게 절하고 일어나
흥안군 이제(경순공주의 남편) 그리고 형 방번(芳蕃)과 함께
영추문에 도착하였다
그때 문밖에서 기다리고 있던 군사들이 달려들었다
"형님 왜 이러십니까? 살려주십시오"

방석 형제는 방원을 쳐다보며 살려달라고 애원했다
그러나 방원은 냉엄했다
“어서 죽이지 못할까! 뭣들하고 있느냐?”
명령이 떨어지는 순간 방석·방번·이제의 목이 떨어졌다

송도 천도

태조의 양위를 받아 둘째 아들 방과가
제2대왕 정종(定宗·1398~1400)으로 즉위했으나
정종은 아우 방원의 눈치 보기에 급급했다
임금이 된 지 이틀 만에 편전에 들어온
방원을 맞이하는 정종의 자세가 어설펐다
"어서 오시게! 아우 반갑구먼…"
"상감마마! 문안드리오"
인사를 농담 삼아 하는 방원을 나무라지도 못하는
자신의 행색이 초라했다
방원이 덕에 임금이 되었으니 어찌 하겠는가
"어서 하고 싶은 말을 해보게
내 아우에게는 미안스러운 점이 많으니
웬만한 부탁이야 들어주지 못하겠는가"
"상감께서 그리 말씀하실 줄 알았습니다
용상 뒤에 걸려있는 영정은
어느 여인의 것이옵니까?
우리 어머님을 소박데기로 만들고
우리 형제들을 기죽인 여인이 아닙니까?"
"이 사람아 자네도 생각해보게!
아바마마께서 친히 분부하여 걸어놓은
것을 어찌 뗄 수가 있겠나?"
방원은 버럭 소리를 질렀다

"알겠네 내 아우의 뜻을 들어줌세"하고 영정을 떼었다
며칠 후 방원은 또 찾아와
생모 한씨의 능 참배를 전언했다
아니 명령이었다
정종은 방원에게 쩔쩔매는 자신이 한심했다
심기가 틀어져 내전으로 들어간 정종은
"아직 이르지만 방원이 놈 때문에 일찍 들었소이다"
"신첩은 정안대군과 마주 치기만 해도
가슴이 떨려 견딜 수가 없사옵니다"
능행을 결심한 정종은 종친들을 대동하고
개풍군 풍덕리 밤마을 모후 한씨 묘소로 거동했다
성대한 고유제를 올리고
신의왕후 한씨의 위패는 비로소 종묘에 모시게 되었다
임금행렬은 개경으로 향했다
만월대·선죽교·수창궁도 옛 모습 그대로였다
"여보게 아우"
"예 전하"
"자네 생각에 서울을 다시 옮기면 어떻겠나
한양은 아직 정이 들지 않았거니와
죽은 강씨가 정도전·남은 등과 짜고
제멋대로 옮긴 도읍지가 아닌가?"
"하하하 전하께서도 옛집이 그리워지셨군요
그리하시지요"
이렇게 하여 1399년 3월 송도로 돌아갔다
"마마 어이하여 이토록 서둘러 송도로

오셨사옵니까? 신첩은 따라오기는 하였으나
영문을 모르겠습니다"
"방원이 놈과 마주치지 않으려고 그리한 게요
이 송도에서는 방원이도 좀 잠잠해지겠지요"
"신첩은 그런 마마의 의중을 헤아리지 못하였사옵니다"

4부

태조 이성계의 참회

제2차 왕자의 난

방원의 넷째 형 방간(芳幹)은 방원에게
불만을 품은 박포(朴苞)의 꾐에 빠져
제2차 왕자의 난을 일으켰다
선죽교에서 큰소리쳤다
"여봐라! 방원은 내 동생이지만
부왕 전하의 속을 썩인 놈인데다가
금상전하를 핍박하는 대역죄인이다
정의의 칼을 뽑아라!"
그러나 그들은 방원에게는 역부족이었다
박포는 붙들려 효수[2]되고
방간은 자신이 원하는 토산 땅으로 귀양을 떠나야 했다
난리를 평정한 방원의 위세는 하늘을 찔렀다
정종비 정안왕후 김씨는 애간장이 탔다
1400년 2월 1일 왕후의 진언으로
방원을 세자로 책봉하고
그해 11월 방원에게 선위[3]하고 물러나게 되었다

2) 죄인의 목이 베어져 높은 곳에 매달리는 것.
3) 양위와 같은 말

태종의 등극

1400년 1월 등극한 태종(太宗·1400~1418)은 34세
였고
중전이 된 민씨 부인은 36세로
기력과 지혜가 왕성한 부부였다
특히나 중전 민씨는 뛸 듯이 기뻤다
친정 민씨 집안은 부원군댁이요
장남 양녕대군(1394~1462)은 세자가 되고
차남 효령대군(1396~1486)
삼남 충령대군(1397~1450) 등
출중한 대군이 무럭무럭 자라고 있었다
태종은 옥좌에 올라 중후한 음성으로 취임사를 하였다
"만조백관은 들을 지어다
오늘 과인이 보위에 올랐으니
과인에게 미흡한 점이 있더라도
충성을 다해 보필해주기 바라오…"
지아비를 바라보는 중전 민씨는
그동안 얼마나 많은 세월을 노심초사했던가?
즉위식을 마치고 내전으로 든 내외는
나란히 수라상을 받고 앉아서
태종은 중전에게 고마움을 표했다
"중전 그동안 애 많이 쓰시었소
중전의 노고가 아니었던들

내 어찌 오늘의 영광을 누릴 수가 있었겠습니까?
중전 고맙소"
아내 민씨의 기지로 목숨을 건진 일
숱한 위기를 슬기롭게 벗어난 일 등을
머리에 떠올린 태종임금이었다
왕위에 오른 태종은 의욕적으로 많은 치적을 남겼다

한양으로 가는 길

태상왕 이성계는
방원이 임금이 된 것을 몹시 불만스럽게 생각한 나머지
태종 2년 함흥 땅에 숨어 은둔생활을 시작했다
이때 태종은 문안사를 보내 돌아오기를 청했고
태상왕은 문안사로 가는 사람마다 죽여
살아 돌아오는 자가 없었으니
함흥차사가 그것이다
중전 민씨는
"마마 어이하여 무학대사에게 생각이 미치지 못하시옵니까?"
"무학대사 아 그렇지요"
태종은 무학대사를 함흥 땅에 보냈다
무학대사는 태조를 설득해
그곳에 온지 10개월 만에 송도로 돌아올 수 있었다
이런 우여곡절 끝에 옥쇄를 받은 태종은
1404년 적장자 양녕대군을 세자로 책봉하였다
그러나 세자 양녕은 속을 썩이고 있었다
생각다 못한 태종은
"중전! 거처를 옮겨보면 어떻겠소?"
"거처라니요? 다른 전각으로 말입니까?"
"아니요 아주 도읍을 옮길까 생각 중이오

주위환경이 달라지면 세자의 마음도
변화가 있을 게 아니오?”
이렇게 하여 태종 5년 1405년 10월 8일
한양으로 다시 올라왔다
송도로 내려간 지 6년 7개월 만에
다시 한양으로 되돌아온 것이다
같은 해에 명나라 제3대황제 영락제(1402~1424)는
남경에서 북경천도를 결심하고
북경에 자금성을 짓기 시작해
1421년에 완공하고 북경으로 천도했다

윤석열 작심발언

"민주주의 허울 쓴 독재 배격해야"
한 달 만에 침묵을 깬 윤석열 검찰총장의 첫마디는
"자유민주주의는 법의 지배를 통해 실현된다"는 것이었다
신임검사 신고식에서다
법조계에서는 추미애 법무부장관의
'채널A 강요미수 의혹'사건에 대한
수사지휘권 발동을 비판했다는 해석이다
조국 전 법무부장관 수사
청와대 울산시장 선거개입 사건 등
정권핵심을 겨냥한 수사를 하다가
여권으로부터 사실상의 사퇴압박을 받은
윤 총장이 공식석상에서 작심 발언을 했다는 것이다

위선자들

박원순 전 서울시장의 자살은
참을 수 없는 웃음거리가 됐다
자살하고 나니 자살할 필요가 전혀 없다는 이 상황 때문이다
피해자는 한동안 감히 피해자라고 불리지도 못했다
청와대와 여당은 안희정과 오거돈에 이어
곤두박질치게 될 집권세력의 위신을
어떻게든 지켜내야 했다
지인과 지지자들은 자신들의 추억과 믿음이
자신들의 진영이 훼손되는 꼴을 두고 볼 수 없었을 것이다
모두 고인과 피해자보다는 자신들이 더 중요했을 뿐인
위선자들이다

물에 잠긴 나라

약 50일의 기록적인 장마와 호우로
전국에서 재난피해가 잇따르고 있다
8월 9일까지 47일째 이어진 비로
50명이 숨지거나 실종됐다
10일부터 태풍 '장미'가 상륙할 것으로
예상돼 각별한 주의가 요구된다
78명이 사망·실종됐던 2011년 이후
9년 만에 가장 많은 수치다
이달 들어 전국 667곳에서 산이 무너졌다
그간 정부가 탈 원전 기조 아래
신재생에너지 시설을 대폭 확충하면서
태양광발전소가 급증했다
그 대부분이 경사진 산비탈에 나무를
베고 태양광 발전시설을 설치했기 때문에
이번 사태는 '예고된 인재'라는 비판이 나온다
경상도와 전라도의 화합의 상징인 화개장터에
물이 빠지면서 드러난 경남 하동군 화개읍
화개장터의 모습은 난장판을 방불케 했다
8월 7일부터 9일 오전까지
430mm의 기록적인 폭우가 쏟아지면서
섬진강 지류 화개천이 범람한 탓이다
일대 상가 208동이 침수되면서

약초 등이 물에 잠기고
구례읍의 한 마을과 전남 곡성에서는 축사가 침수되자
소들이 물에 떠다니다가 민가 지붕 위로 피신하는
사진이 신문 1면에 크게 실리기도 했다
지난 1일 이후 '물폭탄'에 가까운 폭우가
9일째로 전국이 피해에 신음하고 있다
미국에서는 코로나19 확진자가 8월 9일 현재
5,149,723명에 사망자는 165,000명을 넘어섰다고 했다
4일 대형 폭발사고로 6,000여명의 사상자를 낸
레바논에서는 분노한 민심이 폭발해
8일 수도 베이루트에서 시위대가 정권 퇴진시위에
나서
경찰 1명이 숨지고 최소 240여명이 부상하는
유혈사태가 벌어졌다

장마도 네탓

치워도 치워도 끝이 없는데 일손은 없고
쓰레기는 계속 떠내려 오고 있다
장마가 역대 최장인 50일 장마다
폐허 앞에서 이재민과 지자체들은 복구에
안간힘을 쓰고 있지만 예산은 바닥이다
코로나에 세금 덜 걷혀 나라살림은
110조 최악 적자란다
여야는 4대강 사업과 태양광 탓의 정쟁
'네탓' 정쟁이 벌어지고 있다
미래통합당과 국민의당은 4대강사업
치수효과를 강조하며 문재인 정부의
태양광 사업이 홍수 피해를 키웠다고 주장
여당인 더불어민주당은 통합당이 4대강 정책실패 '트라우마'로
무리한 정치공세를 벌인다고 일축했다
집중호우 피해가 전국으로 확산하는 상황에서
여야가 '4대강 전쟁'을 하는 한심한 일이 벌어지고 있다

태조 이성계의 참회

1408년 5월에 접어들면서 경복궁에
큰 일이 벌어지고 있었다
호랑이 같던 태조 이성계가 팔도유람을
다니다가 대궐로 들어와 누었다
그의 용태는 심상치가 않았다
방원이 보기 싫고 영악한 며느리가 역겨워
대궐에서 나가 무학대사가 있는 회암사에서
많은 시간을 보내던 태조가 임종 무렵이 되어서
그 아들 그 며느리에게로 돌아가고 싶은 마음에
서둘러 돌아온 것이다
태종은 뼈만 남은 부왕의 손을 어루만지며 흐느꼈다
“아바마마! 어찌 기력이 이리 쇠산해시셨사옵니까?”
태조는 아들에게 처음으로 다정한 미소를 지어보인 뒤
며느리에게도 웃음을 지어보였다
“아바마마!”
며느리 민씨가 울음을 터뜨렸다
그토록 건강하시던 시아버지의 쇠잔한 모습을 대하니
가슴이 저려왔다
죽음 앞에 부귀공명이 다 무엇이더냐
“금상! 내 그동안 금상에게 여러 가지 못할 짓을 하였느니라
왕이란 하늘의 뜻이 있어야 되는 것임을 깨달았느니라

진즉 금상을 도와 치국에 힘쓸 것을…"

"아바마마 모두가 소자의 잘못이옵니다"

"아니야 역시 금상이 왕의 재목이었어!"

이때 돌연 태상왕의 목에서 이상한 소리가 나더니

고개가 옆으로 꺾기면서 숨을 거두었다

향년 74세

혁명을 같이 한 아들 앞에서 온갖 추태를 보이던

이성계가 죽으면서 그나마 참회를 하고 눈을 감은 것이다

태종의 보복

아버지 태상왕이 승하하자
이제 거리낄 게 없는 태종은
강씨에 대한 불만을 씻어버릴 결심을 하였다
신덕왕후 강씨(康氏)의 능을 한양성 안에 두고는
심화가 치밀어 견딜 수가 없었다
중신들에게는 정릉이 너무 크고 넓어서
도시개발에 방해가 된다는 구실로 설득
1409년 이장을 실행했다
이장할 때 극소수의 사람만 참가시켰다
석물(石物)은 깨버리거나 광교(廣橋)
다리를 놓는 데 사용했다
지금도 청계천 광교 다리 밑에 가면
그 석물을 볼 수 있다
묘를 썼던 자리에는 집을 지어
새 동네가 형성되고 동네 이름을 정동(貞洞)이라 했는데
지금 덕수궁 서쪽 일대가 그곳이다
이장된 장지는 지금의 돈암동 넘어 정릉동이고
종로3가 종묘에는 신의왕후 한씨만 배향하고
신덕왕후 강씨의 위패는 철거해버렸다
이장지의 유해는 비밀리에 암장하여
신덕왕후라는 시호까지 폐지해버렸다

신덕왕후에 대한 한풀이는 이것으로 끝나지 않았다
삼가금지법(三嫁禁止法)
서얼금고법(庶孼禁錮法)을 만들어
재가녀(再嫁女)의 자손과 양반의 서출
첩의 소생은 서자(庶子)라 하여
과거나 좋은 벼슬을 못하게 하였다
이와 같은 법은 고려에도 명나라에도 없던
세계에 유례가 없는 악법으로
아직도 그 잔재가 남아
우리 사회의 갈등요인으로 작용하고 있다

통합당 아래 민주당

8월 2주째의 더불어민주당과
미래통합당의 지지율이 역전된 조사 결과가 나왔다
미래통합당 36.5%로
더불어민주당 33.4%를 3.1%포인트 앞섰다
탄핵정국 이래 4년 만이다
당 안팎에선 부동산값 폭등을 가장 큰 원인으로 꼽는다
이낙연 의원은 "국민의 실망과 답답함이 누적한 결과"라고 말했고
이재명 경기지사는 "부동산 정책으로 인한 고통과 어려움이
지지율에 크게 영향을 줬다"고 했다
대통령에 대한 평가는
긍정 39% 부정 53%로 조사되었다

태극기의 추억

내가 태극기를 처음 그린 것은 초등학교 4학년 때로
1945년 8월 15일 광복을 맞이하고서였다
창호지에 사발을 엎어 원을 그리고
원 안에 종지 2개를 나란히 태극을 그리던 기억이 아련하다
그때는 컴퍼스가 없었기 때문이다
작은 딸의 생일이기도 한 금년 8월 15일은
광복 75주년이 되는 해다
내 나이 90을 바라보면서 생각하면
6·25전쟁 등으로 고생도 했지만
위대한 지도자를 만나
나라가 일취월장 발전하는 모습을 지켜보면서
행복한 시간을 가질 수 있었던 것은 행운었이다

나라가 니꺼니?

8·15광복절 75주년인 2020년 8월 15일
서울 광화문 일대에서는 보수단체가
보신각 앞에서는 민주노총의 집회 기자회견이 진행됐다
광화문에는 태극기가
종각역 앞에는 한반도기가 나부꼈다
대전·광주·충북 충주·경북·구미·포항 등
전국에서 올라온 관광버스도 눈에 띄었다
집회참가자들은
'문재인을 파면한다' '나라가 니꺼니?' 등의 문구가 적힌
피켓을 들고 우산을 쓴 채
'나라의 주인은 국민이다' 등의 구호를 외쳤다
부모와 함께 집회에 온 취업준비생은
"문재인 정부 들어 '편가르기'가 심각해진 것 같다"며
"여당과 야당 남성과 여성 등의 분열이 커진 것에 대한
불만으로 온 가족이 집회에 나왔다"고 말했다
주최 측은 "5만 명이 참석했다"고 추산했다

소임이 끝나는 광복회

2020년 8월 15일

제75회 광복절 경축식 기념사에서

"이승만은 반민특위를 폭력적으로 해체시키고

친일파와 결탁했다"고 한 김원웅(76) 광복회장은

또 "친일·반민족인사 69명이 지금 국립현충원에 안장돼 있다"고 했다

"안익태가 베를린에서

만주국 건국 10주년 축하 연주회를 지휘하는 영상이 있다"며

"민족반역자가 작곡한 노래를 애국가로 정한 나라는

전 세계에서 대한민국 한 나라뿐"이라는 주장도 했다

문재인 대통령·4인의 애국지사·이해찬·김종인 당 대표가 참석한 자리다

광역단체 광복절 행사에서도 김원웅의 기념사가 대독 되었는데

수위는 더 높았다

"맥아더는 한국 국민들의 친일 청산 요구를 묵살했다"

"이승만이 집권해 국군을 창설하던 초대 국군참모총장부터

무려 21대까지 한 명도 예외 없이

일제에 빌붙어 독립군을 토벌하던 자가 국군참모총장이 됐다"

“대한민국은 친일파의 나라 친일파를 위한 나라가 됐다”고 했다

당장 광복회 제주도지부장의 대독을 듣던

원희룡 제주지사가 현장에서

“이편 저편 나누어 하나만이 옳고

나머지는 모두 단죄돼야 한다는 시각

역사를 조각내고 국민을 편가르기 하는 시각에

결코 동의할 수 없다”고 반박했다

정치권은 이 문제로 시끄러웠다

통합당에선 ‘지지율 회복을 위한 여권의

반일 띄우기’라는 지적이 나왔다

진중권 전 동양대 교수도 페이스북에

“여권 지지율이 떨어지니

다시 ‘토착 왜구’ 프레임을 깔겠다는 의도가 엿보인다”고 꼬집었다

15일 광복절 경축사에서 문 대통령은

“모두가 함께 잘살아야 진정한 광복”이라며

“모든 국민이 인간으로서의 존엄과 가치를 가지고

행복을 추구할 권리를 가지는 헌법 10조의 시대”라는

새 화두를 던졌다

그러나 김원웅의 기념사 논란이 커지면서

문 대통령의 광복절 메시지가 무색해지는 모양새가 됐다

광복회의 소임은 이제 끝내야 할 때가 된 것 같다

75년이나 우려먹고도 웬놈의 독립투사가 그리도 많은가

염치도 없어 보인다

코로나 2차 확산

수도권의 교회를 중심으로 집단감염이 확산되면서
코로나19 환자가 8월 17일 197명 발생해
나흘간 세 자릿수를 기록했다
8월 15일 광화문집회를 주도한
서울 사랑제일교회 전광훈 담임 목사가 확진판정을 받는 등
교회 환자수가 300명을 넘었고
국내 최대교회인 여의도순복음교회에서도 집단감염이 발생했다
이 수도권 감염 사례는
올 2,3월 대구 경북의 1차 대유행 이후 맞는
두 번째 위기이지만 전파속도가 더 빠르고
감염양상과 대응 역량 면에서 더욱 위험하다
대구경북 때는 신천지라는 단일 집단에서
집중적으로 감염이 발생해 역학조사가 쉬웠고
환자들도 젊은 층이 많아 치명률이 낮았으나
이번에는 환자의 절반이 50대 이상이라
사망률이 높아질 수 있다

전광훈 목사 코로나 비상

전광훈 목사의 사랑제일교회 발(發)
코로나19 확산과 관련해
수도권 교회들의 일정규모 이상 대면집회·모임·행사도
진행할 수 없게 됐다
노래방·PC방 등의 운영도 중단됐다
중대본부장인 정세균 총리의
8월 18일 대국민 담화문에 따르면
수도권 소재 교회들은 19일 0시부터
온라인 등 비대면 예배만 진행할 수 있고
그 외의 모임과 활동은 할 수 없게 됐다
여기에다가 긴 장마가 끝나고
폭염주의보는 덤으로 따라오고 있다

정상인으로 봤는데

"그동안 정상적인 사람이라고 봤는데
깜짝 놀랐다"
미래통합당 김종인 비대위원장이 8월 18일
더불어민주당 이낙연 의원을 향해 한 말이다
이낙연 의원이 김원웅의 8·15기념사 논란을 둘러싸고
"광복회장으로써 그런 정도의 문제의식은 말할 수 있다"고 말한 것에 대해서다
김종인 위원장은 "지금 권력이 눈앞에 놓여있어서 그런지
상상하기 어려운 애기를 했다"고도 했다

김종인 5·18고해

김종인 미래통합당 비대위원장이
8월 19일 5·18민주묘지에서
희생자 추모탑에 헌화·분향하고
무릎을 꿇고 15초가량 묵념했다
통합당 김선동 사무총장과
김은혜 대변인도 무릎을 꿇고 묵념했다
보수정당의 대표가 5·18추모탑 앞에
무릎을 꿇은 것은 처음이다
방명록에는
"5·18민주화 정신을 받들어
민주주의 발전에 최선을 다하겠습니다"라고 썼다

좌파의 3대 DNA

김원웅이라는 사람
광복회장이 최근 쏟아낸 발언의 논리적 깊이도
1980년대 대학 이념 동아리에서
갓 디뎌 좌파서적 몇 권과 팜플렛 몇 장 읽은
신입생의 3월 말 인식 같은 표피적인 수준이라고
동아일보 이기홍 칼럼은 주장한다
그런 수준의 발언이 여전히 여론의 장에서 횡행할 수 있는
우리사회의 역사·지식 풍토 그런 인식을 지닌 인사가
광복회장을 차지한 현실이 의미하는
문제점은 삼각하다고 지적했다
또한 김원웅 파문은 권력 주변 좌파들의
3대 DNA가 결코 변하지 않는 것임을 상기시켜주었다
그 3대 DNA는 바로
① 외눈 역사관
② 위선
③ 재집권욕이라고 했다

호남은 민주당 땅

김종인 미래통합당 비대위원장이
광주 5·18묘역을 찾아 무릎을 꿇고 사죄했다
집권여당의 반응은 의외로 싸늘하다
환영 대신 조롱하고 비난했다
참으로 모를 일이다
더불어민주당 허윤정 대변인은
“화제 전환용”이라 했고
정청래 의원은 빌리 브란트를 흉내 낸 것이라며
“전두환의 부역자”라 독설을 퍼부었다
더불어민주당은 이를 폄하하며
정략적 발언들만 쏟아내고 있고
수뇌부도 조용하다
호남은 민주당 땅인데
왜 끼어드느냐는 듯이…

5부

세월은 흘러가는데

비상 걸린 코로나

서울 사랑제일교회와 광화문 집회 관련
n차 감염을 차단하는 것만도 벅찬 상황
감염경로를 알 수 없는
'깜깜이' 환자의 비율도 18.5% 치솟았다
카페·패스트푸드점·영화관·분식점 등
시민들의 생활과 밀접한 공간에서
동시다발적으로 나타나고 있어 문제다
23일 정은경 방대본부장에 따르면 전날
하루 신규 확진자는 397명을 기록했다며
"아직 정점에 도달하지 않았다"고 했다
정부는 23일부터 사회적거리두기 2단계를
수도권뿐 아니라 전국으로 확대하면서
3단계 시행을 검토 중이다
거리두기 3단계는 10명 이상의 모임을 모두
금지하는 사실상 '봉쇄' 조치다
여기에 대학병원 전공의들이 의과대학 정원확대 등에 반대하며
23일부터 무기한 파업에 돌입했다
대한의사협회도 파업을 강행하겠다고…

한반도 태풍 속으로

사람이 걷기도 힘들 정도로 강한 바람을 동반한
제8호 태풍 '바비'가 8월 25일 밤부터 27일까지
한반도 서해상을 통과한다
이에 앞서 대형병원 인턴·레지던트 등
전공의들이 벌이고 있는 의료계파업에
26일 개원의들까지 합류하면서
의료공백이 더 확대될 것으로 보인다
수도권지역 모든 학교가 26일부터 3주간
등교수업을 전면 중단하고 원격수업체제로 전환한다
이는 코로나19 재확산으로 학생·교직원 등의 확진자가 급증하자
학교 관련 집단감염을 막기 위한 조치다
문재인 대통령은 25일 '방역과 경제 모두
범정부적 비상 대응이 필요하다"며
"필요하다면 대통령 주재 비상경제회의를
개최할 수도 있을 것"이라고 말했다

아베의 퇴장

아베 신조(安倍晋三) 일본 총리가
건강문제를 이유로 총리직에서 물러난다
8월 28일 오후 5시 총리관저에서
기자회견을 열고
"지병인 궤양성 대장염이 악화돼
국정수행에 어려움이 있을 것으로 판단했다"며 사임을 발표했다
이로써 2012년 12월 이후 7년 8개월간 이어진
아베 체제는 막을 내리게 됐다
아베 총리는 8월 24일로 연속 재임일이 2,799일을 기록해
사토 에이사쿠(佐藤 榮作) 전 총리의 기록 2,798일을 넘어서며
역대 최장수 총리가 됐다

이해찬 대표 퇴진

더불어민주당 이해찬 대표
그가 물러나고 새 대표에 이낙연 전 총리가 당선되자
민주당의 얼굴이
성난 무당개구리상에서 확 바뀌었다
그러나 대선 후보군으로 분류되는 이 대표의 임기는
2021년 3월 초까지 6개월 남짓한 임기동안
정부·여당의 성공과 코로나 극복
대선경력의 입증이라는 과제를 떠안고 출발하게 되었다
거대여당의 임꺽정식 독주를 어떻게 불식시킬 것인가도 문제다
2020년 8월 30일부터 9월 6일까지
서울시가 '천만시민 멈춤주간'을 선포해
수도권 등의 분위기가 크게 바뀌었다
"흩어져야 산다"
절체절명의 일주일이 시작됐다

이낙연·김종인의 인연

더불어민주당 신임대표로 이낙연 의원이 선출되면서
김종인 미래통합당 비대위원장과의
40년 인연이 주목 받고 있다
1980년대 초 이낙연은 동아일보 기자
김종인은 민정당 국회의원이었다
기자와 취재원 관계로 만난 것이다
이 대표는 라디오에 출연해
"전두환 정부가 금융실명제를 연기할 것 같다는 특종을 했다
그 소스가 김종인 당시 의원이었다"고 밝혔다
'금융실명제의 실시'는 YS(김영삼)의 업적으로 알려지고 있지만
그 계획은 전두환 정권에서 시작돼
문제가 많다고 판단해 유보됐던 것이다

국민의힘

국민의 힘으로 버림받은 미래통합당이
'국민의힘'으로 당의 간판을 바꿨다
'당'이 빠지니 밑 빠진 독 같다
밑 빠진 독에 물이 채워지겠는가
김무성·유승민 잔당들이 문턱에서 알짱거리는 한
다시 일어설 수 없을 것 같은 보수 미래통합당
미래가 아직도 멀어 보인다

불난 집에 기름 부은 꼴

국민들은 의사 파업에 가슴 졸이는데
불난 집에 기름을 부었다
그것도 대통령이
파업하는 의사와 헌신하는 간호사를 대비시킨
문재인 대통령의 9월 2일 페이스북 메시지가 큰 논란을 낳았다
의사들은 "오전엔 대화하자고 해놓고
오후엔 대통령이 대놓고 편가르기를 한다"며 들끓었다
국민의힘(미래통합당 후신)은 "간호사들에게 의사를 향한
대리전을 명한 것이냐"며 '국민갈라치기'라고 비판했다
문 대통령은 2일 간호사를 향해
"코로나19와 장시간 사투를 벌이며 힘들고 어려울 텐데
장기간 파업하는 의사들의 짐까지 떠맡아야 하는 상황이니
얼마나 힘들고 어려운가"라고 했다

논리 없는 진영논리

영남과 호남
반일과 반공
조국(曺國)과 윤석열(尹錫烈)로
대표되는 세대를 관통하는 정체성
적폐와의 전쟁에 실패한 문재인 정권
더 강력한 '적폐 팬데믹'에 직면
1년간 나라를 갈라놓은 검찰개혁
40% 고정 지지층의 허상에 갇혀
광장의 요구 받아내지 못하고 표류
호남 대망론 업은 이낙연의 도전
대통령과의 관계가 성패 좌우한다
적폐청산·친일 프레임 시한 끝
최약체였던 '야당 복'도 다한 지금
이제 국정기조를 바꿔야할 시간
논리 없는 진영논리 흑백으로 나뉜
조국 열쇠는 '중도(中途)' 등
경향신문의 화려한 토요기획이다

10호 태풍 하이선

추미애 법무부장관 아들 군복무 논란 의혹이 확산되면서
보수 야권은 이를 '제2의 조국 사태'로 규정하며
추 장관의 사퇴를 요구하고 나서는 가운에
9호태풍 '마이삭'이 지나간 지
나흘 만에 제10호 태풍 '하이선'이
동해안으로 북상 영남과 강원 지역을 중심으로
전국에서 피해자가 잇따랐다
문재인 대통령은 긴급상황점검회의를 소집
"피해가 큰 지역은 추석 전에
특별재난 지역으로 지정할 수 있도록
피해조사도 신속히 마쳐달라"고 지시
국회서 세 번째 확진자… 이틀 만에 또 폐쇄
이낙연·한정애 등 자택대기 시켰는가하면
법원은 광복절 광화문 집회를 주도한
사랑제일교회 전광훈 목사의 보석을 취소하고 재수감했다
갈수록 태산이다

문재인 정부 불공정

'공정' 강조하던 문 정부의 '불공정'
"조국으로 끝내야 하는데 추미애가 연장시켰다"
경향신문 1면 타이틀이다
추미애 법무부장관의 아들 특혜 의혹이
위법 문제를 불공정 이슈로 확산되고 있다
제2의 '조국사태'로 불리는 배경이다
촛불정당을 자처한 더불어민주당을 향해
'이름만 다른 기득권'이라는 비판이 쏟아지고 있다
조국의 '아빠찬스' 논란이 가라앉기도 전에
이번엔 추미애의 '엄마찬스' 문제가
교육과 방역이라는 민심의 역린 건드렸다
뻣뻣한 대응도 문제가 되고 있다
추미애는 "소설 쓰시네"라며 비아냥대는 말투를 썼고
민주당 내에서는 '김치찌개청탁'
'국민의힘에 군 미필자가 더 많다'는 물타기성 발언이 나왔다
여권의 강고한 지지 세력이던 2030세대
등을 돌리고 있다고…

북한의 반인륜적 만행

북한군이 9월 21일 서해 최북단인
인천 옹진군 소연평도 해상에서 실종된
남측 공무원을 북측 해상에서 사살한 뒤
기름을 부어 불태우는 초유의 사건이 발생했다
군은 우리 국민이 실종된 이후부터 사살되기 전까지
34시간 동안 구출작전 등 별다른 조치를 취하지 않았고
청와대는 군에서 피격 보고를 접한 뒤
10시간이 지나 문재인 대통령에게 보고한 것으로 나타났다
결국 문 대통령은
우리 군과 정부가 피격 사실을 인지한 뒤에도
유엔총회 화상 연설에서
종전선언을 통한 비핵화를 강조했다
북한의 잔학성과 함께 문재인 정부가 주요 성과로 내세웠던
대북정책의 민낯이 적나라하게 드러났다는 지적이 나온다
9월 24일 군에 따르면 해양수산부 소속 어업지도원 이모(47)는
21일 오전 실종된 뒤 다음날 22일 오후 3시반경
서해 NLL 이북 등산곶 해역에서

북한 수산사업소 선박에 발견됐다
당시 이 공무원은 구명조끼를 착용하고
부유물을 잡은 채로 기진맥진한 상태였다고 한다
이후 북한 선박은 공무원과 일정 거리를 유지하며
표류 경위와 북한에 오게 된 과정에 대한 진술을 들었고
이날 오후 9시 40분경 북한 단속정 1척이 나타나
공무원에게 총격을 가한 뒤 시신에 접근
기름을 붓고 불태웠다고 했다
서욱 국방부장관은 국회 국방위원회 전체회의에서
"북한이 코로나19에 대해 절치부심하고 있는 것으로 안다"며
코로나 방역 차원에서 사살하고 불태웠을 가능성을 시사했다
그러면서 "시신을 태우는 불빛이 40분 동안 보였다"고도 했다

문 대통령 사흘간 행적

해양수산부 공무원 살해사건에 대해
"용납할 수 없다"고 했던 정부 여당이
25일 북한의 통지문 전달을 계기로
하루 만에 분위기가 바뀌었다
여당 대표·국회 정보위원장·국가정보원장
통일부장관이 모두 출동 북한의 사과에 대해
"매우 이례적"이라고 강조했다
청와대에서는 서훈 국가안보실장이
두 차례나 브리핑을 했다
김정은 사과에 황감해하는 모습들이다

야권은 북한군의 우리 국민 살해 사건과 관련해
"문재인 대통령은 사흘간 무슨 일을 했는지
분초 단위로 밝혀라
박근혜 대통령의 '세월호 7시간'과 뭐가 다르냐"며
문 대통령의 행적을 문제 삼고 나섰다
정치권에선 "사살 첩보가 청와대에 들어간 뒤부터
10시간 지난 뒤 대통령에게 첫 대면보고 됐다는
'문재인 10시간'이 정기국회 쟁점" 이야기도 나왔다
김종인 국민의힘 비대위원장은 25일
"대통령은 보고를 받고도 구출 지시를 안 내렸고
두 아들을 둔 가장이 살해당하고 불타는

6시간 동안 바라보기만 했다"면서
"문 대통령 스스로 이 사태의 진실에 대해
티끌만큼의 숨김없이 소상히 국민께 밝히고
21일부터 사흘간 무슨 일이 있었는지
분초 단위로 설명하라"고 요구했다

김정은 사과는 각별

문재인 대통령이 해양수산부 공무원
피살 사건에 대해 "김정은 국무위원장이
우리 국민에게 대단히 미안하게 생각한다는
뜻을 전해온 것에 대해 각별한 의미로 받아들인다"며
"남북관계를 진전시키는 계기로 반전되기를 기대한다"고 말했다
하지만 북한 만행에 대한 규탄 없이
김 위원장의 사과를 '각별한 의미'
'매우 이례적' 등의 표현을 동원하며
평가한 게 적절하냐는 지적이 나온다
그것도 이런 중대한 일이 발생한 지 6일이 지나서야
정식으로 국민들 앞에 서지도 않고
청와대 부하들 앞에 앉아서 원고를 높여들고 읽는 자세로 말이다
국민의힘 주호영 원내대표는
"북한 얘기가 다르고
국방부 국가정보원 보고도 차이가 있으니
북한의 '사과문'이란 걸
정부가 제대로 받은 건지도 모를 상황"이라고 주장했다

트럼프 코로나 확진

도널드 트럼프 미국 대통령이
10월 2일 코로나19 확진판정을 받고 군병원에 입원했다
11월 3일 대선을 한 달가량 앞둔
미국이 큰 혼란에 빠졌다
대규모 유세를 통해 바람을 일으키려던
트럼프 대통령에겐 대형 악재다
반면 이를 계기로 트럼프 대통령 지지층이 결집할 가능성이 있고
건강한 모습으로 돌아올 경우 '강한 지도자' 이미지를 각인하면서
전화위복이 될 수 있다는 관측도 있다
NBC방송과 WSJ의 여론조사 결과
조 바이든 민주당 후보 지지율 53%로
트럼프 대통령 39%를 14%포인트 앞섰다

10·16부마항쟁 기념일

행정안전부는 2019년 9월에
1979년 10월 16일 부마항쟁을
국가기념일로 지정했다
항쟁 40년 만에 일이다
2020년 10월 16일은 부마항쟁
첫 국가기념일이지만
17일 주요 일간 신문에는 이를 언급하지 않고 있다

5·16혁명을 부인하고
부자와 기업을 적대시하면서
일할 기회가 없어 청년들이 결혼 안 하고
아이 안 낳는 풍조가 계속되는 이 난국에
더욱이 코로나19 비상시국에
부마항쟁 따위가 무슨 기념일이냐는 듯
조용히 지나가고 있다

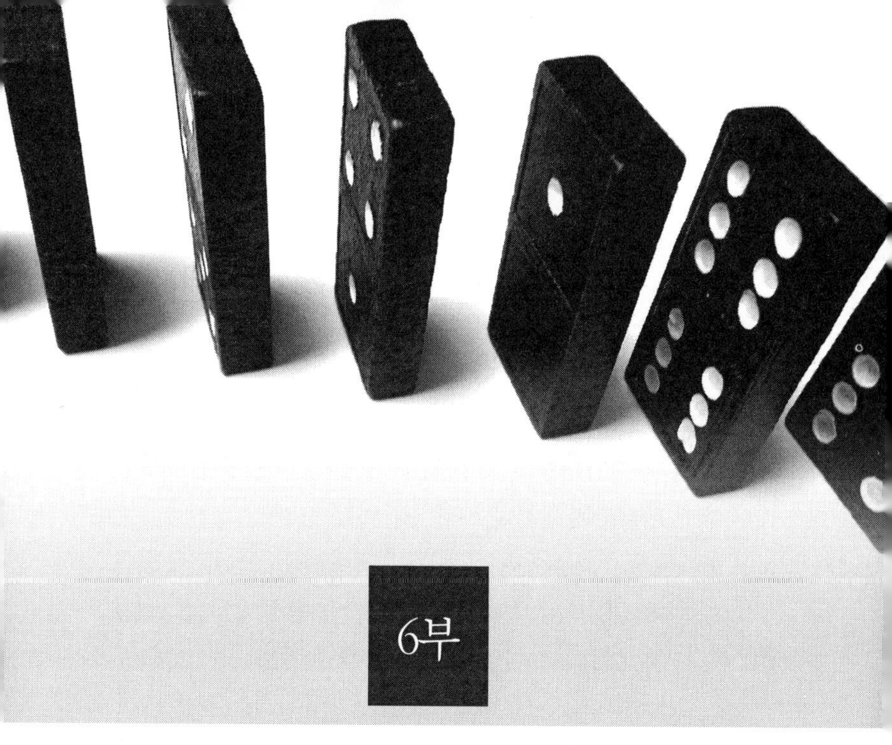

6부

새로운 세계질서

성과 못낸 한·미SCM

전작권 전환 못 풀고
방위비 분담금 독촉장만 들고 귀국
한·미 국방장관이 10월 14일 미국 워싱턴에서 열린
52차한·미안보협의회(SCM)의 결과물인 공동성명에서
전시작전통제권 전환문제를 포함한
한·미군사 현안에서 이견을 노출했다
국방부협상단은 문재인 정부 내 전작권 전환을 위한
로드맵 합의에 실패했다
대신 방위비분담금 인상은 물론 사드기지 영구화와
주한미군의 훈련장 보장문제
그리고 다자간 지역 안보체계의 참여 등
미국 측이 요구한 '숙제'만을 안고 돌아왔다

유럽 코로나 재확산

프랑스 야간 통금 극약처방
독일 음식점 영업시간 제한
확진자 늘며 의료대란이 우려된다
가을 들어 뚜렷해진
'코로나 2차파동'의 타격을 정통으로
맞은 유럽 각국이 보다 강력한 제재
조치를 실시했다
유럽질병통제센터에 따르면 지난주
유럽에선 하루 10만 명의 확진자가 발생해
전 세계 신규확진자 중 3분의1이
유럽에서 나온 것이다

라임·옵티머스 사건

라임·옵티머스 펀드사기 사건이
정국 뇌관으로 떠오르면서
여야의 신경전도 고조되고 있다
라임·옵티머스 펀드 사건에 청와대
인사들이 연루된 사례가 이어지고
라임자산운영 전주(錢主)
김봉현 전 스카모빌리티 회장(46·수감 중)의 법정 진술로
강기정 전 청와대 정무수석의 금품수수 의혹이 불거지면서 정치화된 사건이다
추미애 법무장관은 10월 19일
윤석열 검찰총장의 가족 및 주변 사건 4건과
라임 펀드 사건 1건 등 총 5건의 개별 사건과 관련해
윤석열 총장에 대한 수사지휘권을 발동했다
야권은 이에 대해
"사건의 본질을 흐리고 특정인(윤석열)을 낙인찍어
끌어내리기 위해 권력을 사유화한 행태"라며
파상공세를 폈다

코로나시대 골프장 호황

코로나바이러스 사태가 장기화하는
가운데 전국의 골프장이 호황을 누린다
팬데믹이 물어다준 뜻밖의 선물
코로나19로 인해 해외여행이 어려워지자
골퍼들이 한꺼번에 국내 골프장으로
몰린 덕분이다
극장이나 노래방처럼 밀폐된 공간이
아니라 골프는 주로 야외에서 하는
활동이기에 바이러스감염 위험이 적다는
인식도 한몫했다
그러다보니 주말은 물론 주중에도
골프장뿐 아니라 골프의류와 용품 등
관련 업종도 함박웃음을 짓는다

금태섭 탈당의 변

고위공직자범죄수사처(공수처) 설치
법안에 기권표를 던졌다는 이유로 당의
징계를 받았던 금태섭 전 더불어민주당
의원이 10월 21일 결국 탈당했다
징계에 대해 재심을 청구한지 5개월째
아무런 결정을 내리지 않자
항의의 뜻으로 탈당하면서
더불어민주당을 향해
“민주당은 예전의 유연함과 겸손함
소통의 문화를 찾아볼 수 없을 정도로 변했다”고
174석 거대여당의 오만을 비판하고
“편가르기로 국민을 대립시키고
생각이 다른 사람을 범법자·친일파로 몰아붙이며
윽박지르는 오만한 태도가 가장 큰 문제”라고 했다
또 “우리편에 대해서는 한없이 관대하고
상대방에게는 가혹한 ‘내로암불’
그리고 이전에 했던 주장을 해명이나 설명 없이
뻔뻔스럽게 바꾸는 ‘말 뒤집기’의 행태가 나타난다”
고 했다

국민 편가르기와 분열

국민 편가르기와 분열을 가중시키고
싸워서 이기기만 하면 정의와 진실을 대신한다는
악습이 만연되고 있는 문재인 정부
그 첨병이 된 추미애 법무부장관과
윤석열 검찰총장이 국감장에서 작렬했다
10월 22일 윤석열 검찰총장은
추미애 법무부 장관의 수사지휘권 발동에 대해
“위법하고 부당하다”
“검찰총장은 법무부 장관의 부하가 아니다”라고 하였다
“임기는 국민과의 약속 소임 다할 것”이라고도 했다
이 정부가 얼마나 더 추해져야 끝나는지 모르겠다

항미원조

중국이 10월 23일 항미원조(抗美援朝)[4]
70주년기념행사를 개최했다
시진핑 국가주석은 "위대한 항미원조는
제국주의의 침략확장을 억제했다"면서
"또 신중국의 안전 중국인민들의 평화로운 삶을 수호했고
한반도 정세를 지켰다"
"아무리 강한 나라 강한 군대라도
약자를 괴롭히고 침략을 확장하면
머리가 깨지고 피가 흐를 것"이라고도 했다
중국의 항미원조 띄우기는 미·중 갈등 속에
한층 두드러지는 북·중 밀착 기류 속에서 이뤄지고 있다
김정은 국무위원장은 평안남도 회창군의 중국지원군 묘지를 찾아
마오쩌둥의 아들 마오안잉 묘에 헌화했다
이런 북·중과 달리
한·미간에는 냉기류만 흐르고 있다

4) 항미원조는 '미국에 맞서 북한을 도움'이라는 말로 중국이 6·25전쟁을 지칭하는 말이다

이건희 삼성회장 별세

이건희 삼성그룹 회장이 10월 25일
서울 일원동 삼성병원에서 별세했다
향년 78세 고인은 2014년 5월 10일
급성심근경색으로 쓰러진 뒤
6년 5개월간의 투병 끝에 사망했다
고인은 1942년 대구에서 부친인 이병철
삼성 창업주의 셋째아들로 태어났다
서울사대부고 일본 와세다대
미국 조지 워싱턴대에서 수학했고
1970년대 중반 그룹을 이끌어갈 후계자로 선택된 고인은
이병철 창업주가 세상을 떠난 직후인
1987년 12월 삼성그룹 회장에 취임해
1993년 신경영선언을 계기로 삼성그룹이
글로벌대기업으로 도약하는 기틀을 닦았다
당시 삼성전자 임원들을
독일 프랑크푸르트에 소집해
"마누라와 자식을 빼고 다 바꾸라"며
근본적인 혁신을 촉구했다
이후 삼성전자는 TV·반도체·스마트폰 사업 등에서
글로벌 1위 자리에 올랐다
고인은 1996년 IOC위원에 선임돼

2018년 평창동계올림픽 유치에도 공을 세웠다
그러나 경영권 편법 승계와 불법 비자금
조성 등의 문제로 홍역을 치르기도 했다

이건희 회장이 1987년 회장에 취임할 때
그룹의 시가총액은 1조원 정도였다
공정거래위원회가 삼성그룹 총수를
이재용 삼성전자 부회장으로 바꾼
2018년 삼성그룹 시가총액은 396조원으로 늘었다
그 단초는 세계시장 1등하는 제품의 숫자로 알 수 있다
1987년 삼성은 세계시장에서 1등 제품이 하나도 없었지만
2020년 현재는 13개다[5)]

---

5) 메모리D램·낸드플래시·SSD·휴대전화·스마트폰·평판TV·사운드바·사이니지·냉장고·반도체용기판·OLED·ESS·전동공구용배터리 등이다

박정희 대통령 추도식

2020년 10월 26일
서울 동작구 국립현충원에서 열린
박정희 대통령 41주기 추도식에
김종인 국민의힘 비상대책위장이
주호영 원내대표 등 지도부와 참석했다
강창희 전 국회의장은 추도사에서
"우리나라가 성공적으로
코로나 바이러스와 싸우는 것은
박정희 시대부터 쌓아올린 경제력과
국가재정 국민건강보험을 비롯한 제도
의료 및 통신 인프라 덕"이라며
"지금 정권은 방역성과를 자기들의
공으로 자랑하기에 바쁘지만
대한민국의 저력이 어디서 나오는지
모르는 국민은 아마 없을 것"이라고 말했다

이명박 17년형 확정

이명박 전 대통령(79)이
횡령과 뇌물수수 등의 혐의로
10월 29일 대법원에서
징역 17년과 벌금 130억원 추징금 57억8천만원을
선고한 원심을 확정했다
2018년 3월 구속된 그는
2019년 3월 2심 재판부로부터
보석허가를 받고 풀려났었다
대법원은 그를 자동차 부품회사 다스(DAS)의 실소유주로 본
1,2심 판결과 같이 판단한 것
대법원의 확정판결로 8개월 만에 다시
11월 2일 "나를 구속할 수는 있어도
진실을 가둘 수는 없다"는 취지의 말을 남기고
서울동부구치소에 수감됐다
국정농단 사건 등으로 기소된 박근혜 전 대통령은
2017년 3월 31일 구속돼
현재 5번째 법원의 판단인
대법원의 재상고심이 진행 중이다

참회할 때가 됐다

소련을 위시해 동구권 사회주의가 붕괴되고 있을 때
민주화로 포장하고 김일성 주체사상을 신봉한
1980년대 운동권(386)
소위 이들 '민주화 세력'의 위선과 타락을 지켜봐야 하는
우리는 슬프고 불행한 일이다
집권 4년차에 들어선 지금도 끝나지 않은
검찰개혁·재벌개혁·친일청산·적폐청산 타령에
국민들은 식상한다
편가르기 정치가 낳은 극심한 분열과 반목이
개인의 삶까지 파고들어
일상의 관계마저 망가뜨리고 있다
'야당 탓' '적폐 탓' '기득권 탓'으로 돌리는
이들의 행태는 국민들에게
꿈과 희망을 주지 못하고 있다
속 다르고 겉 다른 이 사람들
거짓말을 밥 먹듯 하는 이 사람들
거기에다가 무능까지 겸비해
이제 태조 이성계처럼
참회할 때가 된 것 같다

살인자 누명까지

문재인 정권 특유의 편가르기 DNA가
도를 넘고 있다
지지자 아닌 비판자를 향해
'토착왜구' '적폐'라 하는 것은 귀에 익은 일이지만
11월 4일 국회 국감장에선 노영민 대통령비서실장이
광화문 집회 주동자를 "도둑놈이 아니라 살인자"라고
소리를 지르는 지경에 이르렀다
부동산·세금 등 잘못된 경제정책으로
없는 사람은 더 먹고살기 어렵게 만들고
북한군에 총 맞아 죽어도 북한 눈치 보며
오히려 우리 국민 탓을 하는 친북행보로
온 국민을 멘붕에 빠뜨린 문재인 정부
이젠 하다하다 못해 국민에게
'살인자' 누명까지 씌운다는 비판을 듣고 있다

김경수 경남지사 2년형

2017년 5월 대통령 선거를 전후해
댓글 여론을 조작한 혐의 등으로
기소된 김경수 경남도지사(53)가
2심에서도 징역 2년형을 선고받았다
재판부는 "도주 및 증거인멸의 우려가 없다"며
법정구속하지는 않았다
김 지사는 지난해 1심에서 징역 2년을 선고받고
법정 구속됐다가 77일 만에 보석으로 풀려났다
11월 6일 서울고법 형사2부(부장판사 함상훈)는
김 지사가 2016년 6월부터 2018년 2월
드루킹 김동원(51) 등과 공모해
포털사이트 기사 8만여 건의 댓글 순위를 조작한
혐의를 유죄로 인정해 징역 2년을 선고했다
김 지사는 일단 지사직을 유지했지만
대법원에서 2심 판결이 그대로 확정되면
지사직을 잃게 되고
형 집행 종료 후 5년간 선거에 나갈 수 없다

미국 대선 후폭풍

미국 대선 후폭풍이 거세다
투표는 11월 3일 끝났지만 6일에도
당선인을 확정하지 못한 채 미국
전역이 혼란에 빠져있다
도널드 트럼프 대통령은 이날 이번
대선을 '사기'라고 주장하며
개표중단과 재검표를 요구하는 소송을
제기해 당선이 유력시되고 있는
조 바이든 민주당 대선후보는 승리를
자신 '선거 조작설'을 강하게 반박했다
두 후보 지지자들이 거리 곳곳에서
충돌하면서 이번 미 대선이 국민 갈등을
심화시켜 오히려 민주주의를 해치고
있다는 우려도 커지고 있다
일각에선 둘로 갈라진 민심을 봉합하는
게 당면과제로 떠오른 상황에서 트럼프
대통령이 혼란을 부추기고 있다는
비난도 제기되고 있다

바이든 시대

미국 민주당의 조 바이든 전 부통령이
11월 7일 미국역사에서 전례를 찾기
어려운 우여곡절 끝에 제46대 미국
대통령에 당선됐다
바이든은 538명의 선거인단 중 290명을
확보해 당선에 필요한 과반(270명)을 달성했다
바이든 당선자는
"미국이 다시 세계로부터 존경받게 하겠다"고 말했다
'고립주의' '미국우선주의'를 앞세웠던 트럼프시대를 종식하고
미국이 국제무대로 복귀하는 '바이든 시대'를 열겠다는 것이다
반면 트럼프 대통령은 "이번 선거는 끝나지 않았다"며
선거불복 입장을 거듭 밝혀
2016년 대선 땐 패자 승복 연설 뒤
당선인이 연설하던 전통을 깨고
승리연설을 먼저 했던 트럼프는
이번 대선을 통해 승복을 거부하는 초유의 사태를 만들었다

헤리스 첫 여성 부통령

첫 비백인-아시아계 여성 부통령 탄생!
“나는 최초 여성 부통령이 될 수 있어도
마지막 여성 부통령은 아닐 겁니다”
1920년 미국이 여성 참정권을 보장한지
꼭 100년 만에 최초의 여성 부통령
당선인 카멀라 헤리스(56)가 탄생했다
그는 1964년 켈리포니아주 오클랜드에서
자메이카계 흑인 부친과
인도 타밀족 모친 사이에서 태어나
수도 워싱턴의 흑인 교육을 목표로 설립된 하워드대와
캘리포니아 헤이스팅스대 로스쿨을 거쳐 법조인이 되었고
2011년 캘리포니아주 최초의 비백인 법무부장관
2017년 미 두 번째 비백인 여성 상원의원이 됐다
열정적 연설 유색인종 출신으로 각종 최초 기록을 쓴 면모가
버럭 오바마 전 대통령과 비슷해
‘여자 오바마’란 별명도 얻었다

시한부 트럼프

조 바이든 미국 대통령 당선인이 11월 9일
신종코로나바이러스 감염증(코로나19)
대응 TF를 발족하는 등 국정 인수에 속도를 내지만
도널드 트럼프 대통령은
'나홀로 불복쇼'를 이어가고 있다
문제는 그래도 새 대통령이 취임하는
2021년 1월 20일까지 72일 동안은
여전히 트럼프가 대통령이라는 점이다
아무리 시한부라 해도 대통령은 대통령
특히 미국의 대통령은 할 수 있는 일이 많아
그의 '72일 천하'를 전 세계가 조마조마하게 지켜보는 이유다
우선 트럼프가 퇴임 전
본인과 가족기업에 대한 탈세수사와 성폭행 등
각종 형사소송과 관련해
이른바 '백지사면'을 할 가능성 외에
레임덕에 빠진 트럼프가
'도자기 가게 망치 든 악동'이 될 수도 있다는 우려가 나온다

사무총장 최성호

최재형 감사원장은 11월 9일
신임 사무총장에 최성호(崔盛浩·53)
감사원 제1사무차장을 임용 제청했다
임명은 대통령이 한다
사무총장은 감사원 사무처를 총괄하는 자리로
지난 8월 김종호 전 사무총장이
대통령 민정수석비서관으로 발탁되면서 공석이었다
최성호 제1사무차장은 부산 해동고와
서울대 경영학과를 졸업한 뒤
행정고시 36회에 합격해 공직생활을 시작
1996년부터 감사원에서 일하며
사회·복지감사국장·기획조정실장 및 제1사무차장 등을 거쳤다
감사원은 “감사업무 전반에 전문성을 갖췄고
뛰어난 업무추진력과 기획력
균형 있는 판단력을 겸비해
조직 내 신임이 두텁다”고 소개했다

윤석열 대권후보 1위

월성 원전 1호기 경제성 평가 조작 의혹을
수사하는 검찰이 2018년 원전 폐쇄결정 당시
청와대 파견 행정관으로 근무했던 산업통상자원부
공무원 2명에 대해 압수수색을 진행했다
사실상 검찰의 원전 수사 칼날이
청와대를 향한 게 아니냐는 해석이 나오는 가운데
추미애 법무부장관은 11월 11일 검찰의
월성 1호기 원전 경제성 조작 의혹 수사를
"정치적 목적의 과잉수사"라며
윤석열 검찰총장을 "사퇴하고 정치하라"고 했다
한때 '노무현 현상'에 이어
'이회창'·'안철수'·'정몽준' 현상이 있었다
11일 여의도는 거기에 '윤석열'을 대입하기 시작했다
여야를 아울러 '차기'를 묻는
질문에 윤 총장이 1위를 차지했다는
여론조사 결과가 기름을 부은 것이다
윤석열 24.7%, 이낙연 22.2%, 이재명 18.4%로
윤 총장이 지지도 1위를 차지했다

코로나 3차대유행?

우리나라는 2020. 11. 13. 현재
일일 확진자 수가 205명 발생해
70일 만에 최고치를 기록했다
수도권을 중심으로 전국각지에서 감염이 잇따르면서
천안·아산·원주·순천·광양·여수 등은
사회적 거리두기 1.5단계로 올렸다
세계 곳곳에서도 급증세를 보이고 있다
특히 겨울 초입에 들어선 북반구 일부 국가에선
하루 확진자 규모가 역대 최고치를 기록하며
3차대유행을 우려하고 있다
미국에서는 11월 12일 하루 신규확진자가
16만명을 넘어 역대 최고치를 기록했다
하루 사망자수도 1,000명을 넘었고
누진확진자수도 1,087만명으로 집계됐다
12일 기타 국가의 하루 확진자는
영국 33,470명
프랑스 32,000명
러시아 21,938명
일본 1,692명 등으로 발표됐다

재기불능 국민의힘

2020년 11월 16일자 동아일보에
국민의힘 김종인 비상대책위원장이
유승민 전 의원 등을 대선주자로 손꼽으며
처음으로 당내 대선캠프 행사에 참석하는 등
당 후보들에게 힘을 실어주는 행보를 시작했다는 기사가 실렸다
더 이상 읽어 내려갈 것도 없이
인물부족으로 재기불능이 된 국민의힘!
이젠 기댈 곳이 없구나
17일 코로나 확진자가 사흘째 200명 대에 이르자
정 총리는 사회적거리두기 1.5단계로 격상시킨다고…

김제방 역사서사시집

코로나 비상시대

초판인쇄일 2021년 1월 29일
초판발행일 2021년 2월 05일

지은이 : 김제방
발행인 : 김순진
편집장 : 전하라
디자인 : 김초롱
펴낸곳 : 문학공원
등 록 : 2004년 3월 9일 제6-706호
주 소 : 우편번호 03382 서울 은평구 통일로 633
녹번오피스텔 501호 스토리문학사
전 화 : 02-2234-1666
팩 스 : 02-2236-1666
홈페이지 : http://cafe.daum.net/yob51
이메일 : 4615562@hanmail.net

※ 책값은 뒤표지에 있습니다.